박근혜
바로보기

박근혜
바로보기

시민이 만드는 소셜미디어 **프레스바이플**

PRESS *by* **PLE**

이 책은 인터넷종합신문 〈프레스바이플〉에 연재한 글들을 묶은 것이다. 연재의 제목은 '박정희, 박근혜, 그리고 새누리당' 으로서 2012년 2월 19일부터 8월 초까지 여섯 달이 넘는 기간에 40여 편의 글이 실렸다. 나는 일차적으로 박근혜를 바로 보는 작업을 목표로 했는데, 그렇게 하려면 아버지인 박정희, 그리고 박근혜가 실질적으로 주도하고 있는 새누리당을 연결해야 한다고 생각했다.

박근혜를 말할 때 반드시 짚어보아야 하는 인물은 아버지 박정희이다. 생물학적 아버지일 뿐 아니라 '정치적 아버지' 인 박정희가 없었다면 오늘의 박근혜는 존재하기 어려웠을 것이기 때문이다.

이 책의 제1부는 '박정희는 누구인가' 이다. 그 내용은 내가 직접 밝혀낸 사실들이 아니라 그가 1961년에 5 · 16 군사쿠데타를 일으킨 뒤 50여 년 동안 정치 · 역사학자들과 언론인들이 탐사해서 정리한 결과들을 바탕으로 엮은 것이다. 제2부는 '박근혜가 걸어온 길' 로서, '공인 박근혜'의 삶과 사상, 정치적 행보를 살펴본 것이다. 제3부는 '새누리당의 뿌리와 실체' 이다. 1963년에 창당된 민주공화당부터 그 이후의 민주정의당, 신한국당, 한나라당, 새누리당으로 이어지는 보수정당의 역사와 정치적 행적을 연대순으로 정리했다.

나는 이 글을 쓰면서 박정희와 박근혜는 물론이고, 새누리당의 뿌리부터 현재에 이르기까지 등장한 인물들의 개인적 문제를 언급하지는 않았다. 그들의 사생활에 관한 이야기가 나온다면 어디까지나 공인으로서의 삶을 내용으로 한 것일 뿐이다.

이제 12월 19일의 제18대 대통령선거까지 넉 달이 남았다. 나는 박근혜가 유력한 차기 대통령 후보들 가운데 한 사람이라고 보고 이 책을 썼다. 그에 대한 부정적 평가가 지배적인 내용에 대해 반론을 제기하려는 사람들이 있다면 반드시 그렇게 하기를 기대한다. 그리고 박근혜뿐 아니라 야권에서 대선에 나설 뜻을 밝힌 문재인, 손학규, 정세균, 김두관을 비롯한 정치인들에 대해서도 그들의 공적 삶과 실체를 바로 보는 책이 많이 나오기를 바란다. 그런 작업이 어우러져야 최선이 없으면 차선을, 최악이 아니라 차악을 대통령으로 뽑는 생산적 선거가 이루어질 수 있다고 믿기 때문이다.

이 책을 정성스럽게 펴내 주신 〈프레스바이플〉 편집국 여러분께 깊이 감사드린다.

2012년 8월 김종철

차 례

01

박정희는 누구인가

한 번 죽음으로써 충성함

　4월 11일 제19대 국회의원 총선거가 새누리당의 승리로 끝났다. '이 나라에 더 이상 살고 싶지 않을 것'이라고 말하는 사람들을 자주 본다. 평범한 시민 가운데도 그런 이가 많지만 1960년의 4월 혁명 이래 민족·민주·민중운동에 열성적으로 참여해온, 7,80대 재야인사들에게서도 그런 소리를 들을 수 있다.

　'설령 총선에서 야당이 진다 하더라도 12월의 대통령선거에서 이기기만 하면 정권을 되찾아 새로운 민주체제를 세울 수 있을 것 아니냐'는 물음에 대해 많은 전문가는 '김대중·노무현 정권 시기를 되돌아보라'고 말한다. 1961년 5·16 쿠데타 이래 박정희-전두환-노태우-김영삼으로 이어지는 군사독재와 '문민정부' 시기에 저질러진 독선과 인권탄압, '개발과 성장'을 명분으로 한 노동자·농민 등 민중의 희생과 빈부 양극화, 권력의 필요에 따라 전쟁과 평화 사이를 오락가락한 무분별한 대북정책처럼 오랜 세월 쌓여온 모순을 김대중·노무현 정권은 근원적으로 해결할 수 없었다. 가장 큰 원인은 의회 권력을 장악한 야당이

박정희의 제사상에 수저를 올려놓는 박근혜

민생법안을 비롯한 국가보안법 폐지, 사학법 개정 등을 완강하고도 끈질기게 가로막았기 때문이다.

4·11 총선에서 민주통합당과 통합진보당이 연대했으나 아쉽게도 국회의석 과반수를 차지하지 못했다. 그 결과 이명박 일가와 측근들이 저지른 불법행위와 부정축재 등에 관한 탄핵이나 특검은 어려워 보인다. 따라서 12월 대선은 민주진보 진영이 반드시 승리해야 한다. 이후 민주통합당과 통합진보당이 연합정부를 구성해서 김대중·노무현 정부보다 훨씬 강력하고 응집력 있는 집권세력을 구축한다면 새누리당을 왜소화시킴으로써 개혁과 국민통합을 강하게 추진할 수 있을 것이다.

그러나 1963년에 창당된 민주공화당에 뿌리를 두고 있는 새누리당, '잃어버린 10년'이라고 주장하는 김대중·노무현 정부 시기를 빼고 40년이나 정권을 잡아온 수구보수세력은 호락호락 권력을 내놓으려고 하지 않을 것이다.

새누리당의 비상대책위원장 박근혜(여기부터 인물들에 대한 경칭 생략)가 4·11 총선을 진두지휘한 뒤 12월 대선에 강력한 후보로 나섰다. 그는 현재 50% 가까운 유권자의 지지를 받고 있다. 박근혜는 김대중 정부 시기인 1998년 대구 달성 보궐선거에 출마해서 국회의원이 된 이래 14년 동안 꾸준히 '대권'을 향해 달려왔다. 박근혜가 누리는 대중적 인기는 그 자신의 노력에 힘입은 바도 있겠지만, 아버지 박정희의 정치적 유산이라는 면이 더 두드러진다.

이 글은 대선을 앞둔 시점에서 국민이 정치적 판단을 하는 데 조금이라도 도움을 주려는 것이다. 박근혜의 '후광'인 아버지 박정희, 수구보수세력이 '위대한 지도자'로 섬기는 박정희의 실체는 무엇인가? 박근혜는 '독재자의 딸'이라는 낙인을 벗어나서 자유와 평등과 평화를 지향하는 정치체제를 만들 수 있을까? 그리고 새누리당은 창조적 정책과 가치를 앞세워 새로운 정치세력으로 태어날 수 있을까?

박정희는 1917년 11월 14일 경북 선산군 구미면 상모리에서 태어났다. 그의 아버지 박성빈(당시 46세)은 몰락한 양반 가문의 후예로 대한제국 말기에 효력부위라는 관직을 맡아 일한 바 있는 빈농이었다고 한다. 박정희는 그의 5남 2녀 가운데 막내아들이었다. 9세 때인 1926년 4월 구미공립보통학교에 입학한 그는 학업성적이 뛰어나서 3학년부터 내내 급장을 맡았다. 1932년 4월 보통학교를 졸업한 박정희는 집안이 너무 가난해서 상급학교에 진학할 형편이 못 되었지만, 가까스로 대구사범학교에 응시해서 합격했다.

대구사범 재학 5년 가운데 3년 동안 그의 성적은 최하위권이었다. 4학년 때는 73명 가운데 73등, 5학년 때는 70명 가운데 69등이었다. 군사와 체육 관련 과목의 성적만은 뛰어났으나 품행평가에서는 양이 네번, 가가 한 번으로 '불량한' 편이었다. 이런 성적은 그가 집권하던

1961~1979년에 공개가 금지되었다.

　박정희는 1927년 4월 대구사범을 졸업했는데, 이미 한 해 전인 1936년 4월 세 살 아래인 김호남과 결혼한 유부남이었다. 그는 만 20세 나이에 문경공립보통학교 교사로 부임해서 4학년 담임을 맡아 1940년 2월까지 재직했다. 여기까지는 일제강점기에 '엘리트 교육'을 받은 청년들이 흔히 걸어갈 수 있는 길이었다.

　요즈음도 박정희의 실체를 둘러싸고 끊임없이 벌어지고 있는 논란은 그가 1940년, '일제의 꼭두각시 나라'인 만주국이 운영하던 만주군관학교에 입학하던 때를 시발점으로 삼는다. 군관학교 입학 연령은 16~19세로 한정되어 있어서 23세인 박정희는 '무자격자'였다. 그래서 그는 두 번이나 낙방을 했다. 그러던 그가 어떻게 불가능한 입학을 가능한 일로 만들었을까?

　친일인명사전에 박정희를 수록하는 문제를 두고 찬반 양론이 날카롭게 맞서던 2009년 11월 초, 민족문제연구소는 만주신문 1939년 3월 31일자에 실린 그의 지원서를 공개했다. 지원서에는 그가 쓴 혈서와 편지가 첨부되어 있었다. "한 번 죽음으로써 충성함"이라는 혈서와 함께 보도된 편지의 내용은 아래와 같다.

●●● 일본인으로서 수치스럽지 않을 만큼의 정신과 기백으로 일사봉공(一死奉公)의 굳건한 결심입니다. 확실히 하겠습니다. 목숨을 다해 충성

을 할 각오입니다. 한 명의 만주국군으로서 만주국을 위해, 나아가 조국을 위해 어떠한 일신의 영달을 바라지 않겠습니다. 멸사봉공, 견마의 충성을 다할 결심입니다.

박정희는 천신만고 끝에 입학한 만주군관학교에서 동기생 250명 가운데 1등으로 2년 과정을 졸업했다. 동기생들보다 나이가 네댓 살이나 많은 데다 교사 생활을 경험하기까지 한 그가 열심히 공부한 결과였을 것이다.

그는 '성적우수자'로 특혜를 받아 1942년 10월 일본 육군사관학교 본과 3학년에 편입했다. 철저한 '황군정신'으로 무장한 박정희는 '모범생'이자 '충성스런 생도'라는 평가를 받았다고 한다. 그는 1944년 4월, 300명 가운데 3등으로 육사를 졸업하면서 조선인으로는 유일하게 '육군대신상'을 받았다.

일본 본토의 육군 제14연대에 배속된 그는 견습사관 과정을 거친 뒤 만주 목단강 부근의 영안에 주둔하던 제8연대의 소대장으로 부임해서 근무하다가 화북지방 열하성의 보병 제8군단에 편입되었다. 1945년 8월 15일 일제가 패망하자 한 해 남짓한 그의 만주군 생활은 끝이 나버렸다.

박정희의 삶을 끈질기게 추적해온 김재홍(언론인, 전 경기대 정치전문대학원장)은 "만주군 장교로서 박정희가 직접 우리 독립군이나 광복군의 토벌에 나섰는지 여부는 아직 확실하게 밝혀진 바 없지만 "당시 관동군이나 만주군은 모두 일본 군국주의의 첨병으로서 우리 광복군이나 독립군의 주적이었다"고 잘라 말한다. "더구나 당시 대한민국임시정부가 일본에 선전포고를 했기 때문에 관동군과 만주군은 모두 광복군의 공식 적군이었다."

일제의 '무조건 항복' 소식을 8월 17일에 알게 된 박정희는 9월 21일 베이징에 도착해서 최용덕이 지대장을 맡고 있던 광복군 북평잠편지대에 들어갔다.

●●○ 이때 학병으로 징집됐다가 탈출해 광복군에 먼저 와 있던 장준하는 박정희의 일본군 전력을 지적하기도 했다.(…) 일본군에 강제 징집당한 장준하는 일제에 부역하기 싫어서 일제 패망 전에 목숨을 걸고 탈출하여 광복군으로 들어온 반면 박정희는 혈서로서 충성을 맹세하고 일본군 장교가 되었다가 세상이 바뀌자 금세 변신하여 보신책으로 광복군을 찾아왔으니, 장준하의 눈에 곱게 보였을 리 만무했을 것이다.

이처럼 박정희가 광복군에 들어간 것은 자신이 일본군 장교로 복무한 것을 뉘우쳐서도 아니고 무슨 사상이나 심경의 변화가 있어서도 아니었다. 일제가 패망한 마당에 이제 살 길은 광복군에 묻혀서 해방된 조국으로 들어가는 수밖에 달리 길이 없었기 때문이었다. 게다가 중국에 아무런 연고도 없는 그로서는 그 편이 귀국하기에도 가장 편하고 좋은 방책이었다.　　　　　　　　　　　**(김재홍 〈누가 박정희를 용서했는가〉 309쪽)**

변신에 능한 기회주의자

1961년 5월 16일 새벽, 육군 소장 박정희가 이끄는 3천 6백여명의 군인들이 쿠데타를 일으켰다. 해병대 제1여단 병력이 쿠데타군의 제1진으로 한강 인도교 남쪽에 들이닥쳤다. 저지하는 헌병들을 무력으로 제압한 그들은 육군본부 광장, 방송국, 국회의사당, 중앙청을 차례로 점령했다. 쿠데타군은 새벽 5시 라디오방송을 통해 '군사혁명'이 성공했음을 전국에 알리고 6개항의 '혁명공약'을 발표했다. 그들이 '혁명공약'의 가장 앞에 내세운 것은 '반공을 국시(國是)의 제일의로 삼고 지금까지 형식적 구호에만 그친 반공체제를 재정비, 강화한다'였다. 다섯째 항목은 '민족적 숙원인 국토통일을 위하여 공산주의와 대결할 수 있는 실력배양에 전력을 집중한다'고 되어 있었다.

'장면 정권의 무능과 부패, 사회의 혼란, 안보 위기'를 구실로 쿠데타를 일으킨 박정희 세력이 '반공'을 가장 강조한 것은 한국군에 대한 작전지휘권을 가지고 정치·경제·사회·문화를 비롯한 모든 분야에서 절대적 영향력을 지닌 미국을 안심시키기 위한 방책이었을 것이다. 왜냐

5 · 16 군사쿠데타 당시 박정희

하면, 쿠데타의 주동자인 박정희의 이력에 '남로당 프락치'라는 낙인이 찍혀 있음을 미국 정보기관이 모를 리 없었을 것이기 때문이다.

8·15 해방 뒤, 겉으로는 광복군의 일원으로 귀국했지만 실제로는 빈털터리인 박정희가 고향인 구미의 집으로 돌아가자 둘째 형 박상희는 "그냥 선생질이나 하면 좋았을 걸 괜히 고집대로 했다가 거지가 되어 돌아오지 않았느냐"면서 면박을 주었다고 한다. 그는 넉 달쯤 고향에 머물다가 박상희가 '친일의 죄를 씻으라'면서 조선경비사관학교에 들어가라고 권유하자 9월에 2기생으로 입교해서 단기 과정을 마치고 12월에 졸업했다. 일본 육사를 졸업하고 만주군 중위로 복무하던 그가 '신생 조국'의 소위가 되었던 것이다.

1963년 제5대 대통령선거 유세기간인 9월 23일 민주공화당 후보 박정희는 첫번째 라디오 연설에서 "이번 선거는 개인과 개인의 대결이 아니라, 민족적 이념을 망각한 가식의 자유민주주의 사상과 강력한 민족적 이념을 바탕으로 한 자유민주주의 사상의 대결"이며 "자주와 자립이 제3공화국의 집약적 목표"라고 주장했다. '강력한 민족적 이념을 바탕으로 한 자유민주주의 사상'은 '민족적 민주주의'로 불리기 시작했다.

박정희에 맞선 민정당 후보 윤보선은 같은 날 전남 여수 유세에서 "여순반란 사건의 관계자가 지금 정부에 있다"면서 박정희를 지목했다. 군사정권은 윤보선 구속까지 검토했으나 실행에 옮기지는 않았다. 윤보선의 '여수 발언'으로 점화된 '사상 논쟁'은 대선 기간 내내 지속되었다. 그 논쟁의 대미를 장식한 것은 선거를 이틀 앞둔 10월 13일, 동아일보가 서울시내 중심가에 뿌린 호외였다. 거기에는 놀라운 사실이 대서특필되어 있었다. 여당인 공화당 후보인 전 육군대장 박정희가 '좌익 혐의'로 군사재판에서 무기징역을 선고받은 적이 있다는 내용이었다. 동아일보가 제시한 증거자료는 1949년 2월 17일자 경향신문과 2월 18일자 서울신문의 기사였다.

●●● 민정당의 폭로로 공화당은 선거 코앞에서 위기를 맞게 됐다. 서인석 공화당 대변인은 즉각 반박성명을 통해 '조작폭로 전술로 악랄한 인신공격'이라고 받아쳤다. 그는 또 '박정희 총재는 김창룡 장군에 의해 관제 공산당원으로 몰린 사실이 있으나, 그것은 여순반란 사건과 관련시켰던 것은 아니었다'며 '그 후 민주주의자임이 밝혀져 군의 요직을 역임했고, 반공전선에서 혁혁한 무공을 세웠다'고 해명했다.

　그러나 서 대변인의 '해명'은 민정당의 폭로를 잠재우기는커녕 도리어 박정희 후보가 한때 남로당원이었고, 또 그로 인해 재판을 받은 사실을 공개적으로 시인한 꼴이 되고 말았다.

(정운현 〈실록 군인 박정희〉 139~140쪽)

　박정희는 윤보선 진영의 집요한 사상 공세를 뿌리치고 결과적으로 대선에서 이겼다. 그러나 야당이 제시한 그의 좌익 전력은 그 이후 오랜 세월 동안 여러 '탐사가들'이 끈질기게 자료를 통해 검증함으로써 사실로 밝혀졌다. 그가 '남로당 프락치'로 일한 과정을 요약하면 아래와 같다.

1948년에 육군 소령으로 진급한 박정희는 육군본부 작전정보국에 근무하다가 '여수·순천 반란사건'에 연루된 혐의를 받았다. 그는 11월 11일 군 수사당국에 체포되었다. 정운현이 1997년 한 정부기관에서 입수한 공문서(1949년 4월 18일자 '고등군법회의 명령 제18호')에는 다음과 같은 내용이 들어 있었다. '국방부 특명 제5호(1948년 12월 20일자)에 근거해 용산 육군본부에 마련된 법정(재심)에서는 박정희 등 69명이 재판을 받는데, 이들의 죄과는 국방경비법 16조 위반, 즉 반란기도죄'였다.

●●● 전 피고인은 단기 4279년(서기 1946년) 7월경부터 4281년(1948년) 11월경에 이르는 동안 대한민국 서울 기타 등지에서 각각 남로당에 가입하고 군 내에 비밀 세포를 조직하여 무력으로 합법적인 대한민국 정부를 반대하는 반란을 기도했다는 것. 이들 가운데 박정희의 죄과는 구 경비법 32조 위반, 범죄사실은 '군 병력 제공죄'로 적시돼 있다."

《〈실록 군인 박정희〉 149~150쪽》

'반란 기도' 혐의로 기소된 박정희는 1948년 12월 20일 군법회의에 넘겨져 1심 재판에서 '파면, 급료 몰수, 무기징역'을 선고받았다. 그러나 그는 '심사장관의 조치'에서 '징역 10년으로 감형하며, 감형한 징역을 집행정지함'이라는 통보를 받았다. 당시 '확인장관'은 육군 최고책임자인 총참모장 이응준으로, 그는 일본군 대좌(대령) 출신이었다.

1948년은 '4·3 제주 항쟁' '10·2 대구 항쟁' '10월 여수·순천 반란' 등 좌익이 주도한 일련의 사건들, 그리고 미 군정과 이승만 정권의 강경한 유혈 진압으로 남한 사회가 공포 분위기에 휩싸여 있던 시기였다. 그런 시절에 남로당 당원으로서 '반란을 기도'한 혐의로 무기징역을 선고받은 현역 소령 박정희가 어떻게 집행정지로 풀려날 수 있었을까?

●●●○ 박정희는 자신이 알고 있던 군부 내 남로당원들의 이름을 군 특무대에 실토했다고 한다. 김재홍은 박정희가 '김창룡 특무대'에서 조사를 받던 중에 동료들을 밀고하는 진술서를 쓰고 그 대가로 풀려났다고 기록했다.

"그 진술서에 기재된 리스트를 토대로 악명 높은 특무대의 고문 조사가 이루어졌으며 그 결과 1천 명 안팎의 장교가 숙청당하고 그 중 상당수가 처형된 것으로 추산되고 있다." **(《누가 박정희를 용서했는가》 224쪽)**

(…) 군부 내 김창룡 등 숙군사업을 지휘한 사람들이나 백선엽, 원용덕 등 만주군 선배들은 박정희가 좌익 명단을 전부 상부에 보고했고, 군대 측에서 박정희를 데리고 다니며 각 부대에서 공산주의자들을 색출했기 때문에 좌익들이 박정희를 도저히 용서할 수 없을 것이라는 이유로 그를 살려주기로 마음먹는다. 그 이후, 그는 육군본부 작전정보국 제1과장을 거쳐 1950년 6

월 한국전쟁 중 소령으로 현역에 복귀하였고, 이후 육군본부 작전정보국 제
1과장을 거쳐 1950년 9월 15일 인천상륙작전이 감행될 때 중령으로 진급하
고 대구로 올라가는 육군본부의 수송지휘관을 맡았다. 10월 육영수를 소개
받았고 육군본부의 전방지휘소가 서울특별시로 이동하자 그는 서둘러 약
혼식을 올렸다. 10월 25일 장도영의 추천으로 제9사단 참모장으로 임명되
었다.   (〈위키백과 한국어판〉 '박정희' 항목에서 인용)

법 위에 내가 있다

　공인 박정희의 생애에서 두드러진 특징은 자신의 필요에 따라 흔히 법을 무시한다는 것이었다. 가장 대표적인 보기가 5·16 군사쿠데타이다.

　박정희가 3천 6백여 명의 군인들을 이끌고 무너뜨린 장면 정권은 1960년 4월혁명 이후 민주적이고 공정한 선거를 통해 주권자들이 세운 체제였다. 민주당은 7월 29일에 치러진 총선거에서 민의원의 경우 41.7%를 얻어 233석 가운데 175석이나 차지했다. 참의원 선거에서는 39.0%의 득표율로 53석 가운데 31석을 차지했다. 4월혁명은 학생들이 앞장서고 민중이 적극 호응함으로써 성공한 역사적 사건이었고 야당인 민주당은 피 한 방울 안 흘리고 정권을 잡았다는 평가도 있지만, 어쨌든 국회에서 표결을 거쳐 선임된 국무총리 장면과 그의 내각은 주권자들의 위임을 받은 합법적 정부를 맡은 것이었다.

　이승만 독재 초기부터 대립하면서 갈등을 빚던 민주당의 신파와 구파는 7·29 총선에서도 치열한 경쟁을 벌였다. 새로 구성될 국회에서 국정 운영 책임자인 총리를 자파에서 내기 위한 것이었다. 8월 12일 민·참의 원 합동회의에서 대통령으로 선출된 윤보선은 같은 구파인 김도연을 총리로 지명했으나 그는 불과 3표차로 인준을 받지 못했다. 두번째로 지명을 받은 신파의 장면은 의결 정족수의 절반을 넘는 117표를 얻어 총리가 되었다.

세력이 신파보다 앞서던 구파는 뜻밖의 좌절을 겪게 되자 실질적으로 분당 상태에 들어갔다. 내각 구성을 비롯해서 정치, 경제, 사회, 외교, 문화 등 모든 분야의 정책이나 인사문제에서 신파와 구파는 사사건건 맞섰다. 구파의 대변지나 다름없던 동아일보는 장면 정권을 비판하고 몰아세우는 데 열중했고, 천주교재단이 운영하던 경향신문은 천주교 신자로서 신파인 장면이 이끄는 내각을 지지했다. '언론의 백화제방'이라고 할 정도로 신문과 잡지를 비롯한 온갖 매체들이 신파와 구파의 대립을 '중계방송' 하듯이 전하니 대다수 국민들은 입에 신물이 날 정도였다. '이런 꼴을 보려고 피를 흘리며 혁명을 했는가' 라는 자조의 소리도 들렸다.

이승만 정권 시기의 민주반역자 처벌과 부정축재자 처리가 지지부진한 가운데 거의 모든 부문에서 혁명정신에 맞는 개혁을 하라는 외침이 터져 나오는가 하면 시위와 집회가 끊이지 않았다. 특히 통일정책을 두고 보수적 태도로 일관하는 장면 정권을 향해 혁신정당들과 대학생들의 비판이 거세졌다. 일부 학생들은 "가자 북으로, 오라 남으로!"를 외치며 판문점으로 행진을 시도하기도 했다. 보수언론은 금방이라도 국가 위기가 닥칠듯이 지면을 통해 긴장을 고조시켰다.

그러나 그런 상황은 4월혁명을 성공시킨 세력들이 장기적으로 인내심을 가지고 풀어나가야 할 과제였다. 아래와 같은 평가를 보면 왜 그렇게 했어야 하는치를 이해할 수 있을 것이다.

●●● 허정 과도정권 · 장면 정권 시기는 한국사에서 보기 드물게 자유가 많았고 민주주의가 정치, 사회 전반에 걸쳐 폭넓게 실행되었다. 1950년대의 경우, 사회 영역이 관권에 의해 지배받아 각종 사회단체 또는 이익단체는 자율성이 미약했고 관권선거에 동원되었지만, 이승만 정권 붕괴 이후 쿠데타에 의해 저지될 때까지 사회 전반에 걸쳐 자율성이 확대되었다. 상급부터 하급에 걸쳐 자행되던 공권력 남용도 크게 약화되었다. 공공성이 그만큼 제고되고 법치주의가 영역을 넓혀간 것이다. 4월 혁명의 충격과 4월 혁명이 열어놓은 공간에 의해 침체의 늪을 벗어나지 못했던 정신적 · 지적 · 사상적 영역이 활기를 찾고 확대된 것은 특기할 만하다. 그것은 쿠데타 세력조차도 일방적으로 봉쇄하기 어려웠고, 해방 직후 우익과 좌익 어느 한 쪽 편을 들어야 했던 상황과도 차이가 있었다.

(민주화운동기념사업회 엮음 〈한국민주화운동사 1〉 209~210쪽)

박정희가 주동한 5·16 군사쿠데타는 한국 사회를 암흑 속으로 몰아

넣었다. 민주주의도 사회의 자율성도 순식간에 사라져버렸다. 공권력은 남용의 차원을 넘어 박정희 파쇼체제의 도구로 전락했다. 4월 혁명 이후 활기를 띠고 있던 '정신적·지적·사상적 영역'은 극도로 위축되었다. 이 모든 결과는 대한민국 헌법을 어기고 '군사 반란'을 일으킨 박정희 일파가 빚어낸 것이었다.

5·16 쿠데타 시점의 '제2공화국 헌법' 제1장 제5조에는 이렇게 명시되어 있었다. "국군은 국가의 안전보장과 국토방위의 신성한 의무를 수행함을 사명으로 하며, 그 정치적 중립성은 준수된다."

박정희는 '국가의 안전보장과 국토방위의 신성한 의무'를 저버리고 정부를 무너뜨렸다. 주권자인 국민의 의사를 합법적으로 묻는 절차도 없이, '군사혁명'이라는 이름으로 총칼과 탱크를 동원해서 공공기관과 방송국 등을 점령하고 국무총리 장면을 사로잡아 '정권 이양'을 받으려고 시도한 것이 전부였다.

쿠데타를 일으킨 박정희의 머릿속에는 '준법' 같은 개념이 전혀 없었음이 분명하다. 그가 '나는 법 위에 있다'고 생각하지 않았다면, 그런 쿠데타를 일으키지는 않았을 것이다. 그와 추종자들이 '목숨을 걸었다'는 사실을 '구국의 일념'이라는 고상한 표현으로 합리화할 수는 없는 일이다. 장면 정권이 아무리 중심을 잡지 못했다 하더라도, 국민들이 더 이상 정부를 맡길 수 없다고 판단하면 다음 총선에서 심판을 했을 것이다.

　법 위에 군림하려는 박정희의 '전제군주적' 행태는 5 · 16 쿠데타 사흘 뒤인 1961년 5월 19일부터 본격적으로 드러나기 시작했다. '최고 실권자' 인 그는 바로 그날 '군사혁명위원회'를 '국가재건최고회의(약칭 최고회의)' 로 확대 개편했다. 최고회의는 국민투표같은 법적 절차를 밟지도 않은 채 헌법 기능을 정지시킨 뒤 최고회의가 입법 · 사법 · 행정 3권을 장악한다는 내용의 '국가재건비상조치법' 을 공포했다. 군사업무 말고는 입법 · 사법 · 행정의 경험이 없는 군인들이 3권을 행사하는 군사 독재 시대가 열렸던 것이다.

　6월 10일 공포된 '국가재건최고회의법' 에 따라 '재건국민운동본부' 와 '중앙정보부' 같은 최고회의 부속기관이 설치되었다. 그렇게 태어난 중앙정보부는 박정희의 철권통치 18년 동안 '남산' 이라는 속칭으로 불리면서 정치사찰과 간첩단 사건 조작, 민주화운동 탄압, 공직자와 민간인 감시와 통제, 무자비한 고문을 일삼았다.

젊음, 희망, 목숨을 앗아간 폭군

경찰의 과잉 진압으로 정신을 잃고 쓰러진 한일외교 협정 반대 시위 참가자

    우리 또래는 고등학교 때인 1961년 5월부터 1979년 10월 26일까지 꼭 18년 5개월 동안 박정희 치하에서 살았다. 4월혁명 이후 한 해 남짓 한국 사회에는 자유가 흘러넘쳐 '방종'이라는 비판이 나올 정도였고, 성년이 안 된 소년소녀들도 이승만 독재정권 시절보다 활기차게 살아갈

수 있었다. 그러나 그 짧은 자유의 시간은 5·16 군사쿠데타를 기점으로 완전히 사라지고 말았다.

나 개인적으로 보더라도 '박정희 독재 18년'은 고난과 시련의 연속이었다. 1964년 3월 대학에 들어간 나는 억압적인 사회 분위기 속에서도 그런대로 희망에 부풀어 있었다. 입학식을 마치고 나서 얼마 지나지 않아 그 시절 대학사회에서 유행하던 미팅(남학생과 여학생의 집단적 만남)도 하고 '미성년자 입장 금지'이던 술집에서 막걸릿잔을 기울일 수도 있었다.

그러나 그런 낭만은 얼마 지나지 않아 무참히 깨어져버렸다. 그해 3월 24일 오후 1시가 조금 지난 시간에 당시 동숭동에 있던 서울대 문리대로 등교하던 나는 낯선 광경 앞에서 걸음을 멈추었다. 교정의 '4·19 기념탑' 앞에 학생 5백여명이 모여 집회를 열고 있었는데, '제국주의자 및 민족반역자 화형식'이라고 쓰인 플래카드가 보였다. 한 학생이 나서서 성명서를 읽고 나자 다른 학생들이 잇따라 자유발언을 한 뒤 짚으로 만든 허수아비를 불태우는 '의식'이 벌어졌다. 그것은 '굴욕적 한일회담'을 밀고 나가던 대통령 박정희와 중앙정보부장 김종필을 표적으로 한 것임이 분명했다.

나는 불타는 허수아비들을 보면서 온몸에 전류가 흐르는 듯한 전율을 느꼈다. 당시 나는 박정희의 독재에 대해 막연한 분노를 느끼고 있었을 뿐, 사회과학적으로나 역사적으로 그를 조리 있게 비판할 만한 안목이 없었다. 그리고 그 무렵 거의 모든 청소년들이 그랬듯이 박정희 정권에 대해 공포심을 가지고 있었다. 나는 그 화형식을 보면서 이렇게 생각했다. '도대체 저 학생들은 얼마나 간이 크기에 저렇게 엄청난 일을 벌이고 있는 것일까?'

화형식을 마친 학생들은 어깨동무를 하고 교문 밖 대학로로 달려나갔다. 비슷한 시각에 연세대생 3천여명과 고려대생 3천여명이 가두시위에 나섰다. 그들은 "굴욕적 한일회담 반대"를 소리 높이 외쳤다. "제2의 이완용을 즉시 소환하라" "악덕재벌 타도하고 민족자본 이룩하자"라는 구호도 들렸다. 그 무렵 일본에서 외상 오히라와 비밀접촉을 하면서 한일회담을 성사시키려고 하던 김종필은 "제2의 이완용이 되더라도"라고 공언함으로써 국내에서 격렬한 비판을 받았다.

한일회담 반대 시위는 3월 25일 전국의 대학과 고등학교로 확대되어 4만여 명이 거리로 나섰다. 학생 데모가 계속되던 3월 26일 야당 의원 김준연이 국회 본회의에서 "박정희 정권이 일본으로부터 1억 3천만 달러를 받았다"고 주장했다. 그는 4월 25일 구속되었다. 그로부터 40년이 지난 2004년 8월, 민족문제연구소 현대사 사료조사팀은 1966년 3월 18일자 미 중앙정보국(CIA) 특별보고서를 입수해서 이런 내용을 밝혀냈다. "당시 박 정권은 군사쿠데타를 일으킨 1961년부터 한일협정을 체결한 1965년까지 5년 동안 6개의 일본 기업으로부터 민주공화당 총예산의 3분의 2에 해당하는 6천 6백만 달러를 받아냈다." 일본 기업체들이 그 이후에 박정희 정권한테서 몇 배의 '보상'을 받으리라고 기대하지 않은 채 그런 거액을 주었을 리는 없었을 것이다.

1964년 3월 24일에 대학가에서 불붙기 시작한 '한일회담 반대 투쟁'으로 전국의 대학에서는 강의를 하는 날보다 휴강하는 날이 훨씬 많았다. 내가 다니던 대학의 경우 집회와 시위가 가장 잦아서 교실에 들어가 보면 칠판에 '휴강'이라고 적혀 있는 것이 다반사였다.

나는 대학 신입생으로 어수선하게 보낸 그 시절 가운데 1964년 6월 3일을 지금도 잊지 못한다. 박정희 정권이 학생과 재야세력의 강력한 반대에 아랑곳하지 않고 '굴욕적 한일회담'을 강행하자 그날 오전 10시가 지난 시각에 서울과 지방에서 대학생들이 무리를 지어 거리로 나섰다. 고려대생 2천여명이 태평로의 국회의사당 앞을 점거하고, 연세대생 2천여명과 홍익대생 1천여명은 중앙청과 국회의사당 앞으로 진출했다. 그날은 "박 정권 하야" "부정부패 원흉 처단" 같은 극렬한 구호가 여기저기서 터져나왔다. 오후에는 세종로 일대에 학생과 시민 1만여명이 모여 경찰과 투석전을 벌였다.

최루탄이 빗발치는 가운데 경찰이 방망이를 마구 휘둘러대는 데도 시위가 기세를 더하자 박정희는 그날 밤 비상계엄을 선포했다. 계엄사령부의 포고에 따라 언론·출판의 자유가 제약되고 각 학교는 휴교에 들어갔다. 내가 대학에 들어간 지 겨우 석 달 만의 일이었다. 6월 9일부터

9월 초까지 방학을 강요당했으니, 어떤 강의는 교수의 '가르침'을 적은 노트가 채 석 장도 차지 않을 정도였다.

내가 대학에 다니던 4년 동안 비교적 잠잠했던 시기는 1966년 한 해 뿐이었다. 1965년에는 "한일협정 조인 · 비준 반대"와 "베트남 전쟁 파병 반대"로, 1967년에는 6 · 8 부정선거 규탄 운동으로 대학가가 진통을 겪었다. 어느 날 교정에서 자주 어울리던 학생이 '남산'(중앙정보부)에 끌려가 고문을 당하거나 투옥되는가 하면 집회나 시위를 주도한 학생들이 제적을 당해 학교에서 쫓겨나는 모습을 보면서 대다수 학생들은 잔뜩 위축되게 마련이었다.

박정희에게는 자신을 반대하거나 비판하는 정치인, 지식인, 학생, 노동자, 농민은 주권자가 아니라 '적'이었다. 홍성태(상지대 교수)는 박정희가 어떻게 많은 국민을 적으로 몰아붙였는지를 이렇게 썼다.

●●● 박정희는 폭압적 근대화의 문제를 숨기기 위해 분단이라는 비극적 상황을 철저하게 이용했다. 이승만이 만든 국가보안법에 덧붙여 박정희는 반공법이라는 것을 만들었다. 이런 법을 이용해서 정치적 반대자들을 흔히 공산주의자로 몰았다. 시도 때도 없이 간첩사건이 일어나기도 했다. 이런 일들은 반공주의를 빙자해서 정권을 유지하려는 정치적 술책과 밀접한 연관을 맺고 있었다. 공산주의나 간첩이라는 말만으로도 사람들의 간담은 서늘해지곤 했다. 그 말은 곧 적을 뜻했고, 적은 법에 의하지 않고 '학살'해도 좋

은 대상이었다. 적은 '사람'이 아니었다. 그리고 누군가를 적으로 규정할 권리는 바로 박정희가 독점하고 있었다. 그에게 반대하는 것은 궁극적으로 죽음을 각오해야 하는 것이었다.

('폭압적 근대화와 위험사회'〈개발독재와 박정희 시대〉 333~334쪽)

박정희를 옹호하는 사람들은 독일의 아돌프 히틀러에 비하면 그의 독재와 인권 유린은 '아주 온건했다'고 주장할 수도 있을 것이다. 그러나 히틀러가 '아리안족 우월주의와 유대인 증오' '사회주의를 비롯한 진보적 이데올로기 혐오와 탄압'을 통해 독일인 대다수를 세뇌한 가운데, 일부 '깨어 있는 지식인들이나 종교인들' 말고는 시민의 저항이 거의 없는 상황에서 독재를 한 데 비해서 박정희는 18년 동안 끊임없이 민중의 반독재 투쟁과 항쟁을 억누르면서 공공연한 독재를 자행했다는 점에서 비교의 기준을 달리해야 할 것이다.

박정희 정권 18년 동안 얼마나 많은 사람들이 고문과 투옥을 당하거나 일터에서 강제로 쫓겨났으며, 목숨까지 잃었는지 정확한 통계는 아직까지 볼 수 없었다. 박정희의 사병(私兵)이나 다름없는 중앙정보부(국가정보원의 전신)와 보안사령부(기무사의 전신)가 걸핏하면 재야 민주화 운동가들, 학생, 노동자, 농민을 연행해서 전기고문, 물고문을 포함한 가혹행위를 했지만, 국가기관이 피해자들을 총체적으로 조사한 바는 없었다.

서대문구 독립공원 구사형장 앞마당에서 열린 민청학련 20주년 희생자 추모제

박정희 정권이 민주화 운동가들의 목숨을 앗아간 대표적 사건은 '인민혁명당 재건단체(약칭 인혁당)' 관련 피고인 7명과 민청학련 관련자 여정남에 대한 '사법살인'이었다. 1974년 정초부터 재야 민주화운동세력과 청년·학생들의 격렬한 '반유신독재' 투쟁에 부닥쳐 위기에 빠진 박정희 정권은 4월 25일 긴급조치 4호와 국가보안법을 위반한 혐의로 240명을 체포했다. 그들 가운데는 '인혁당 재건위원회를 설립해서 민청학련의 국가 전복 활동을 지휘'한 혐의를 받은 서도원, 이수병, 여정남 등 8명이 포함되어 있었다.

'반국가단체 구성, 북한방송 청취' 등의 '죄목'으로 구속되어 재판을 받은 그들 8명은 1975년 4월 8일 대법원에서 사형이 확정되었다. 사형을 선고받은 기결수들에 대한 형 집행은 아무리 빨라야 1년을 넘기지 않는 것이고, 경우에 따라서는 여러 해가 지나도록 보류되는 것이 관례인데 그들은 대법원 확정판결이 나온 지 18시간만에 서대문의 서울구치소에서 교수형을 당했다. 법무부 직원들과 정보기관원들이 가족들에게 형 집행 사실을 통보하지도 않은 채 그들의 주검을 버스에 싣고 화장장으로 가려는 것을 문정현 신부를 비롯한 재야인사들이 응암동 네거리에서 발견하고 버스를 가로막았다. 그러나 폭력으로 유족들과 재야인사들을 뿌리친 그들은 8명의 주검을 화장해서 유골을 어딘가에 뿌려버렸다. 그들이 시신에서 고문의 흔적이 발견되는 것을 원천적으로 막으려는 의도였음이 분명하다.

당시 인혁당 사건 피고인 8명에게 사형을 선고한 법관들은 대법원장 민복기를 비롯해서 대법원 판사 민문기, 한환진, 주재황 등 8명이었다. 사법에 관한 전문적 지식이 별로 없는 보통사람들이 보기에도, 법무부 장관이 그들 8명을 "당장 교수형에 처하라"고 지시를 할 수는 없는 일이었다. 독재자 박정희 말고는 그런 명령을 내릴 수 없었기에, 그 사건은 한국 현대사상 유례가 없는 '사법살인'으로 기록되었다.

2005년 12월 7일, 국가정보원 과거사위원회는 '인혁당 사건은 조작'이라는 조사 결과를 발표했다. 2007년 1월 23일 서울중앙지법 형사합의 23부는 인혁당 사건 피고 8명에 대한 재심에서 무죄를 선고했다. 같은 해 8월 21일, 서울민사지방법원은 유족들이 국가를 상대로 제기한 손해배상청구소송에 대해 국가의 불법행위를 인정하면서 시국사건사상 최대인 배상액수 637억원을 지급하라고 판결했다.

박정희 정권 시기에 저질러진 '사법살인'에서 '인혁당 사건'에 버금가는 것은 민족일보 사장 조용수를 교수형에 처한 일이었다. 5·16 쿠데타가 일어나기 넉 달 전인 1961년 2월 13일에 창간된 민족일보의 임원진은 '민단' 계열 재일동포인 사장 조용수말고는 모두 혁신계 사람들이었다. 그 신문은 '민족의 진로를 가리키는 신문' '부정과 부패를 고발하는 신문' '근로대중의 권익을 옹호하는 신문' '양단된 조국의 통일을 절규하는 신문'이라는 사시(社是)를 앞세우고 기사와 논설을 통해 '민족과 계급 문제에 대한 명확한 인식'을 드러냈다.

민족일보는 당시 언론으로서는 가장 진취적인 통일방안을 제시했다. 남과 북이 통일을 이루려면 교류를 활성화해야 한다는 것이었다. 또 그 신문은 한국에 대한 미국의 원조는 '자선가적 호의에서 공여되는 것'이 아니라 '미국 국내경제의 필요에 의해 창안된 것'이라고 비판했다. 박정희 중심의 쿠데타 세력은 언론 탄압의 첫번째 표적으로 민족일보를 골랐다. 사장 조용수와 간부사원들이 '용공·반미의 대변자' 노릇을 하면서 '북괴의 활동을 고무하고 방조했다'는 혐의로 쿠데타 이틀 뒤인 5월 18일 조용수와 논설위원 송지영을 비롯한 10명을 구속하고 5월 19일자(지령 92호)를 마지막으로 민족일보를 폐간했던 것이다.

당시 쿠데타 세력은 헌법을 무시하고 '혁명검찰청'과 2심제인 '혁명재판소'를 운영하고 있었다. 8월 28일 혁명재판소는 1심 판결에서 "간첩 혐의자로부터 공작금을 받아 민족일보를 창간하고 북괴의 활동을 고무·동조했다"는 이유로 조용수에게 사형을 선고했다. 그 해 10월 31일에 열린 상고심은 변호인의 변론도 듣지 않은 채 사형을 확정했다. 조용수는 12월 21일 서대문형무소에서 교수형을 당했다. 그때 그의 나이는 겨우 31세였다.

조용수의 동생 조용준을 비롯한 유족이 그 사건에 대해 재심을 청구하자 서울중앙지방법원 형사합의 22부는 2008년 1월 16일 조용수에게 무죄를 선고했다. 박정희의 쿠데타 세력이 그에게 조작된 혐의를 씌워 '사법살인'을 자행한 사실을 47년만에 법원이 인정했던 것이다.

박정희 정권 18년은 학원, 노동현장, 농촌을 황폐화하면서 '정보정치'로 '사람답게 사는 세상'을 무너뜨리던 세월이었다. 1970년 11월 13일 오후 1시 30분경, 서울 평화시장에서 스스로 몸에 불을 지르고 자결하기 직전 전태일은 노동자들을 '짐승'처럼 다루는 권력과 자본가들을 향해 이렇게 외쳤다. "근로기준법을 준수하라" "우리는 기계가 아니다. 일요일은 쉬게 하라" "노동자들을 혹사하지 말라" "내 죽음을 헛되이 하지 말라." 겨우 22세밖에 되지 않은 풋풋한 청년이 목숨을 걸고 '노동자도 인간'이라고 부르짖으면서 목숨을 버렸는데도 박정희는 눈썹 하나도 까딱이지 않았다.

　박정희는 '교련'이라는 이름으로 학원을 병영화했다. 문교부가 1969학년도부터 정규 학과목을 신설하고 매주 2시간씩 군사훈련을 하도록 고등학교, 전문대학, 4년제 대학에 지시했던 것이다. 문교부가 1970년 12월 17일에 발표한 '대학교련의 시행요강'은 히틀러의 나치 독일을 연상시키는 강제 군사훈련 방침이었다. "대학생은 4년 동안 총 수업시간의 약 20%인 711시간을 교련에 할애해야 하며, 군사교육을 위해 대학에 현역 군인들을 배치한다"는 내용이었다.

　60만여명의 국군과 2백만여명의 향토예비군을 보유한 나라에서 전시도 아닌데 학생군사훈련을 대대적으로 실시하는 것은 학원을 병영화함으로써 젊은이들이 독재에 저항하거나 체제를 비판하는 것을 막으려는 의도임이 분명했다.

학원에서는 교련복을 입게 하고, 거리에 나서면 '퇴폐' 또는 '불온'이라는 구실로 온갖 문화행위와 자유로운 삶을 옭아매니 그들에게는 활기찬 젊음도 밝은 미래에 대한 희망도 있을 리가 없었다. 그래도 그들에게 희망의 빛이 되어준 것은 '역사는 민중의 투쟁으로 발전한다', '독재자는 스스로 파멸의 길로 간다'는 동서고금의 진실에 대한 믿음뿐이었으리라.

파멸을 부른 삼선개헌과 10월유신

1969년 9월 14일 새벽 2시쯤, 서울 태평로 국회의사당(지금 서울시의회 건물) 건너편에 있던 국회 제3별관 안으로 의원 122명(집권 공화당 107명, 정우회 11명, 무소속 3명, 대중당 1명)이 도둑고양이처럼 숨어들어가고 있었다. 당시 야당이던 신민회 의원들은 국회 본회의장에서 삼선개헌안 표결을 저지하려고 농성하던 중이었다. 일체의 불빛이 꺼진 그 건물 주변을 경찰이 삼엄하게 지키고 있는 가운데 제3별관의 쓰레기를 버리는 뒷문을 통해 '잠입'한 의원 122명은 2시 30분부터 투표를 시작했다. 결과는 전원 찬성이었다. 야당은 '박정희 하야'를 외치면서 삼선개헌은 '원천 무효'라고 주장했지만, 그해 10월 17일 강압적 분위기에서 치러진 국민투표에서 개헌안은 77.1%의 투표율, 65.1%의 찬성으로 통과되었다.

당시 제3공화국 헌법 제69조 3항은 "대통령은 1차에 한하여 중임할 수 있다"고 규정하고 있었으므로 박정희가 1971년 대통령선거에 다시 출마하려면 그 조항을 고쳐야만 했다. 1969년 1월 10일 박정희는 연두

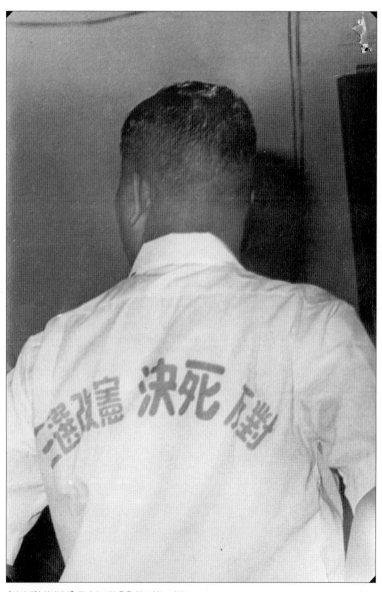

"삼선개헌 결사반대" 글씨가 쓰인 옷을 입고 있는 시민

기자회견에서 "특별한 상황이 없는 한 내 임기 중에는 헌법을 고치지 않았으면 하는 것이 나의 심정"이라고 말하고 나서 "헌법을 개정할 필요가 있다 해도 연초부터 왈가왈부하는 것은 좋지 못하며, 금년 말이나 내년 초에 얘기해도 늦지 않다고 생각한다"면서 '삼선개헌'을 추진할 계획임을 암시했다.

삼선개헌에 대해서는 공화당 안에서도 반대하는 소리가 높았다. 그러나 박정희는 핵심 측근인 중앙정보부장 김형욱, 청와대 비서실장 이후락, 그리고 공화당의 '반김종필 세력'을 통해 '공작정치'를 집요하게 벌이면서 개헌으로 치달았다. 야당인 신민당은 박정희 쪽으로 '전향'한 소속의원 3명(성낙현, 조흥만, 연보흠)의 의원직을 박탈하기 위해 당을 해체하고 신민회로 이름을 바꾸기까지 했지만, 박정희 일파의 야도(夜盜) 같은 개헌안 의결을 막을 수는 없었다.

'3선 대통령'이 되려는 박정희의 권력욕은 3·15 부정선거를 자행한 이승만과 이기붕에 못지않았다. 삼선개헌에 대한 내색을 하지 않던 박정희와 측근들은 일찍이 1967년부터 언론에 대한 공작을 시작했다. '기관원'이라고 불리는 공무원들(중앙정보부, 보안사, 경찰 소속)을 신문사와 방송사에 상주시키기 시작했던 것이다. 그들은 언론사에 '출근'하다시피하면서 보도와 논평을 실질적으로 통제하는가 하면 언론인들을 매수하거나 약점을 잡아 협박함으로써 삼선개헌 사전공작을 대대적으로 펼쳐나갔다. 1967년 4월 7일, 당시 야당이던 신민당은 '기관원의 언론사 출입'을 주제로 삼아 국제기자협회(IPI)와 국제연합한국통일위원단(UNKURK) 등에 한국의 언론 탄압에 대한 소명서를 보냈다.

박정희는 야당과 재야민주화운동세력, 학생들의 끈질긴 반대를 무릅쓰고 1971년 4월 27일에 치러질 제7대 대통령선거에 나섰다. 야당인 신민당에서는 '40대 기수론'을 내세운 김영삼, 김대중, 이철승 가운데 약세로 꼽히던 김대중이 이철승과 극적으로 제휴함으로써 대통령 후보로 선출되었다. 김대중은 유세를 통해 "박정희 후보가 당선된다면 앞으로 직접선거를 통해 대통령을 뽑는 일은 없을 것"이라고 주장하면서 그 근거로 '유력한 국제정보 소식통'을 들었다. 박정희가 장개석처럼 '대만식 총통제'를 도입해서 종신집권을 꾀하리라는 것이었다.

김대중은 서울 장충단공원 유세에 1백만여 명의 청중을 동원하는 등 폭발적 인기를 얻었으나, '대대적인 부정선거'라는 야당의 비판에 아랑곳없이 박정희가 승자가 되었다. '3선 대통령' 박정희 앞에는 개인적으로는 파멸이, 국가적으로는 위기와 난국이 기다리고 있었다.

1971년 9월부터 판문점에서 이산가족 상봉을 위한 남북적십자 예비회담이 시작된 뒤 얼어붙어 있던 남북관계에 훈풍이 불어오리라는 기대가 국민들 사이에서 커지고 있었다. 그런데 박정희는 12월 6일 갑자기 국가비상사태를 '선언'한 뒤 '국가보위에 관한 특별조치법안(국가보위법)'을 국회에 제출했다. 이 법안은 12월 27일, 국회 제4별관에서 삼선개헌안처럼 여당과 무소속 의원들에 의해 날치기로 통과되었다. 국가보위법은 '안보위기'에 대응하기 위해 대통령에게 비상대권을 부여하며 대통령이 안보를 위해 언론을 통제할 수 있고, 노동자의 단체교섭권과 단체행동권을 제약할 수 있다는 독소조항들을 담고 있었다. 그것은 '10월유신'의 전주곡이나 마찬가지였다.

1972년 5월 2일 중앙정보부장 이후락이 비밀리에 평양을 방문해서 주석 김일성과 두 차례 비밀회담을 가졌다. 대한민국의 현행법에 따른다면 그것은 '반국가단체 괴수와의 불법 회동'이자 '적국으로의 잠입·탈출'이었다. 그러나 박정희 정권은 '대통령의 초법적 통치행위'에 따른 것이라고 강변했다.

이후락의 비밀 방북은 1972년 7월 4일 '자주' '평화' '민족대단결'의 통일 3원칙을 밝힌 '남북공동성명'을 이끌어냈다. 그 뒤 북한 부주석 박성철이 서울을 방문하는 등 남북관계가 통일을 향해 급진전하는 듯 보이는 분위기에서 박정희는 오히려 그해 10월 17일 전국에 비상계엄을 선포하면서 이른바 '대통령 특별선언'을 발표했다. 그는 급변하는 국제정세에 능동적으로 대처하고 남북대화를 적극적으로 전개하려면 '일대 유신적 개혁'이 필요하다고 주장했다.

서울 시내 곳곳에 군 병력과 탱크가 배치된 삼엄한 분위기에서 발표된 '특별선언'은 초헌법적인 내용을 담고 있었다. 국회를 해산하고 정치활동을 일체 금지하며, 헌법 일부 조항의 효력을 정지하고 그 기능을 국무회의가 대행하며, 향후 새로운 헌법개정안을 공고한 뒤 국민투표를 통해 확정되면 1972년 말까지 헌정질서를 정상화하겠다는 것이었다. 헌법을 준수해야 할 대통령이 '특별선언'이라는 초법적 행위를 통해 헌정 자체를 무효화한 것은 명백한 쿠데타였다.

10월 26일 비상국무회의는 개헌안을 축조심의한 뒤 바로 이튿날 공고했다. 개헌안의 주요 내용은 박정희의 종신집권을 위한 '일정표'나 마찬가지였다. 통일주체국민회의를 신설해서 대의원들이 대통령을 간접적으로 선출하게 하는 제도는 직선제를 폐지하자는 것이었다. 그리고 대통령이 국회 의석의 3분의 1을 지명할 권리를 갖게 함으로써 집권당이 국회에서 '일당 독재'를 할 수 있는 기반을 마련할 수 있게 되었다. 대통령은 국회해산권을 갖는가 하면 긴급조치권을 무제한적으로 행사할 수 있었다. 나치 독일의 히틀러나 파시스트 이탈리아의 무솔리니도 '감탄'할 만한 전체주의 체제가 20세기 후반의 한국에 등장하게 된 것이다.

1972년 11월 21일, 계엄령 속에서 개헌안에 대한 찬성과 반대를 묻는 국민투표가 실시되었다. 유권자의 91.9%가 참여해서 91.5%가 찬성했다는 개표 결과가 발표되었다. 모든 정치활동이 봉쇄되고 개헌안에 대한 찬반 의견 발표가 금지된 상태에서 치러진 국민투표에서 그렇게 '압도적인' 찬성표가 나왔다는 사실을 보고 박정희 자신은 흐뭇하게 미소를 지었을까?

일본의 '메이지유신'에서 이름을 빌려온 '10월유신'은 빈사 상태에 있던 한국 민주주의의 죽음을 알리는 장송곡이었다.

●●● 유신 시대는 일제가 키워낸 식민지 청년들이 장년이 되어 사회를 운영해간 시기였다. 이 시기는 친일 잔재 청산을 하지 못했다는 것이, 아니, 친일 잔재를 청산하려던 세력이 거꾸로 친일파에게 역청산 당한 것이 어떤 결과를 낳았는지를 참혹하게 보여준 시기였다. (…) 박정희를 사령관으로 하는 병영국가는 그가 청년기를 보낸 시절 만주국의 국방체제나 일본의 총동원체제와 놀라울 정도로 유사했다. 황국신민으로 태어나 황국신민으로 연성된 '친일파' 박정희의 진면목은 청년장교 시절보다도 만주국이나 '쇼와유신'의 실패한 모델을 다시 살려낸 데서 찾아야 할 것이다. 유신체제의 폭압성은 박정희의 지도력 부족에 대한 뚜렷한 증거가 된다. 박정희는 '근대화'와 경제 발전에 따라 복잡해진 사회구성을 더이상 최소한의 형식적 민주주의를 유지하는 방식으로는 이끌어나갈 수 없었다. 60년대에서 70년대로의 '퇴행'은 박정희가 체질에 맞지 않는 미국식 민주주의의 틀을 벗고 젊었을 때부터 익숙한 일본식 모델을 '한국적 민주주의'로 포장해 나온 것을 의미했다. 유신 시대는 김근태와 그 벗들에게 내란음모라는 어마어마한 죄목을 뒤집어씌운 자들이 일으킨 진짜 내란의 시대였다.

('한홍구의 유신과 오늘 1' 한겨레 1월27일자)

1979년 10월 26일 밤, 박정희가 궁정동 안가에서 김재규의 총탄을 맞아 비명횡사하기까지 만 7년 동안 계속된 '유신 시대'의 망령은 오늘도

한국 사회에서 꿈틀거리고 있다.

'사무라이 박정희'의 섹스파티

2011년 9월 초, 위키리크스가 공개한 '미국 외교전문' 가운데 한 대목이 우리나라에서 파문을 일으켰다. 대통령 이명박의 친형이자 국회 부의장인 이상득이 2008년 5월 29일 주한미국대사 알렉산더 버시바우에게 했다는 말이 바로 그것이었다. "이명박 대통령은 뼛속까지 친미·친일이니 그의 시각에 대해서는 의심할 필요가 없다." 그때는 제17대 대통령 취임식을 치른 지 석 달 뒤였다.

이명박에 대해서는 독도 영유권 문제나 일제강점기의 식민 지배에 대한 모호하고 친일적인 언행이 '뼛속까지 친일'의 근거가 될 수 있을 것이고, 일본 '천황'을 만나서 비굴할 정도로 '황송함'을 보인 태도를 방증으로 볼 수 있겠다. 그러나 이명박 정권의 '중시조' 격인 박정희에 관해서는 '뼛속까지 친일'을 넘어 '대일본제국 시절로 돌아가고 싶어하는' 행동을 일상적으로 했다는 증거와 기록이 수두룩하다.

그는 국가원수의 관저인 청와대에서 그런 짓을 버젓이 했다고 한다. 박정희의 '심복'으로서 한때 비서실장 이후락이나 중앙정보부장 김형욱에 버금가는 권력을 휘두르던 강창성(전 보안사령관)의 증언을 보기로 하자. 그는 중앙일보 1991년 12월 14일자에 이렇게 썼다.

●●● 계엄 선포 한 달쯤 전인가(1971년 10월 17일 계엄이 선포되었다), 박 대통령이 나를 불러요. 집무실에 들어갔더니 박 대통령은 일본군 장교 복장을 하고 있더라고요. 가죽장화에 점퍼 차림인데 말채찍을 들고 있었어요. 박 대통령은 가끔 이런 복장을 즐기곤 했지요. 만주군 장교 시절이 생각났던 모양입니다. 다카키 마사오 중위(박정희의 일본 이름)로 정일권 대위 등과 함께 일본군으로서 말 달리던 시절로 돌아가는 거죠. 박 대통령이 이런 모습을 할 때면 그분은 항상 기분이 좋은 것 같았어요.

(김삼웅 〈친일정치 100년사〉 293~294쪽에서 재인용)

박정희는 5·16 쿠데타 이후 가장 먼저 일본에 친선사절단을 보냈으며, 그가 처음으로 공식 방문을 한 나라도 일본이었다. 일본을 방문한 박정희는 도쿄의 한 고급요정에서 그 나라 정·재계의 '거물들'에게 이렇게 말했다고 한다. "나는 정치도 경제도 모르는 군인이지만 메이지유신 당시 일본의 근대화에 앞장섰던 지사들의, 나라를 위한 정열만큼은 잘 알고 있다. 그들 지사와 같은 기분으로 해볼 생각이다."

일본 자민당 부총재 오노는 1963년 12월 17일에 열릴 박정희의 대통령 취임식에 참석하기 전에 도쿄에서 기자회견을 열고 "박정희 대통령과는 부자 사이 같은 관계로서 아들의 경축일을 보러 가는 것이 무엇보다도 즐겁다"고 공언함으로써 한국민들을 격분시켰다. 박정희가 1979

년 10월 26일 김재규의 총탄에 맞아 사망한 사건이 벌어지자 주한일본 대사관에서 근무한 적이 있는 한 외교관은 〈국가와 정보〉라는 책에 "대 일본제국 최후의 군인이 죽었다"고 기록했다.

박정희는 청와대에 머물던 시기에 마당에서 닛폰도(일본도)를 휘두르면서 '검술 실력'을 자랑하는가 하면 일본의 전통 대중가요인 '엔카' 또는 제국주의 군가를 즐겨 불렀다고 한다. '민족적 민주주의'와 '조국 근대화'를 외치던 국가원수가 실제로는 일본 봉건시대의 사무라이나 침략군의 장교처럼 행동했던 것이다.

박정희는 현역 군인 시절은 물론이고 쿠데타를 일으켜 권력을 잡은 뒤에도 청렴하고 결백하고 서민적이라는 이미지를 대중에게 심으려고 애를 썼다. 제대로 된 자기 집이 없다거나 쌓아둔 재산이 별로 없다는 점에서는 얼마쯤 설득력이 있었을 것이다. 특히 그가 대통령으로서 모 내기 현장에서 농민들과 함께 막걸리를 사발째 들이키는 모습은 '빈농의 아들'이라는 인상을 주기에 충분했다.

그러나 청와대에 머물던 16년 동안 박정희의 행태는 '청렴결백'이나 '서민 취향'과는 거리가 멀었다. 특히 그의 문란한 사생활은 봉건시대의 절대군주에 비견할 만했다.

1970년 3월 17일 밤 11시쯤, 서울 마포구 합정동 절두산 부근의 강변

3로에 멈춰 서 있는 코로나 승용차 안에서 권총 실탄으로 허벅지를 관통당해 신음하고 있는 남자와 머리와 가슴에 총탄을 맞아 이미 숨진 여자가 발견되었다. 남자는 다리를 절며 허겁지겁 택시를 잡아타고 병원으로 달려갔다. 나중에 남자는 정종욱(당시 34세), 사망한 여자는 정인숙(당시 26세, 본명 정금지)으로 밝혀졌다.

경찰이 수사한 결과 정인숙은 선운각을 비롯한 최고급 요정들에서 일하던 호스티스로 드러났다. 경찰이 서울 중구 필동에 있는 그의 집을 수색하러 갔을 때, 거기에는 어머니와 세 살 된 정인숙의 아들이 살고 있었다. 어머니는 그 아이가 '딸의 동생', 곧 자기 아들이라고 말했다. 경찰이 압수한 정인숙의 소지품에서는 정·관·재계의 거물급 26명을 포함해서 모두 33명의 명함이 쏟아져나왔고, 수첩과 장부에는 그들의 명단이 적혀 있었다. 명단에는 정인숙이 그들을 만난 일시와 장소가 나와 있었는데, 주요한 인물은 대통령 박정희와 국무총리 정일권, 중앙정보부장 김형욱, 청와대 경호실장 박종규였다. 거기에는 5대 재벌그룹 회장과 군 고위 장성, 국회의원도 포함되어 있었다.

정인숙의 아버지는 이승만 정권 시기에 대구 부시장을 지낸 고위공무원 출신이었다. 배우나 모델이 되려고 상경한 정인숙은 스무 살이 되기도 전에 한 시나리오 작가를 만나 동거생활을 하다가 헤어진 뒤 한남동의 요정에 첫발을 디디면서 빼어난 미모와 세련된 태도를 지닌 '밤의 요화(妖花)'로 뭇남성의 눈길을 끌었다. 정인숙이 1968년 아들을 낳자

아버지가 '최고위층(대통령 박정희)' 이라는 소문이 시중에 널리 퍼져나
갔다. 그 소문이 청와대까지 전해지자 사태 해결에 나선 사람은 항상 박
정희를 지근거리에서 '모시던' 경호실장 박종규였다.

●●● 대통령선거가 1년 앞으로 다가온 시점에 정인숙에게서 퍼져 나가는
소문이 박정희에게 어떤 해를 끼칠지 헤아리기 어려운 상황이었다. 결국,
정인숙은 더는 서울에 머물러 살 수 없었고 '자의반 타의반'의 해외여행을
떠나야 했다. 고위인사들만이 가졌던 복수여권을 국무총리 정일권의 비서
관 신성재가 주선했고 신원조회는 당시 중정부장 김형욱의 비서실장 문학
립이 맡았다. 이것이 정인숙 문제를 정일권 혼자서 처리한 것이 아니라는
증거다. 정일권은 김형욱의 비서실장에게 일을 시킬 만한 힘이 없었다. 청
와대가 개입하지 않고서는 어려운 일이었다.

(김재홍 〈누가 박정희를 용서했는가〉 36쪽)

검찰의 지휘를 받아 '정인숙 피살 사건'을 한 주일 남짓 수사한 경찰
은 이렇게 발표했다. "정인숙이 요정에 나가면서 많은 남자들을 사귀었
고, 심지어 아들까지 낳아 기르는 등 사생활이 좋지 않아 운전을 하던
오빠 정종욱이 나무랐으나 모욕적인 말을 하면서 반발하자 정종욱이 권
총으로 살해했다."

그러나 사건 현장에서 정종욱이 사용했다는 권총이 발견되지 않았고
사고차량이 사건 발생 몇 시간만에 어딘가로 치워졌다는 점이 의혹의
초점으로 떠올랐다. 2010년 SBS의 '그것이 알고 싶다' 제작팀이 정종

욱과 함께 검찰과 국립과학수사연구소에 요청해서 현장 감식 기록과 정인숙의 부검 기록을 검증해본 결과, 정종욱이 총을 쏘았다고 입증할 만한 근거를 발견하지 못했다.

정종욱은 동생을 살해한 혐의로 대법원에서 무기징역이 확정되어 19년 동안 옥살이를 한 뒤 1989년에 풀려나서 언론에 이렇게 말했다. "나는 범인이 아니다. 아버지가, 동생과 관계했던 고위층이 우리의 뒤를 봐준다고 했다면서 회유하기에 거짓 자백을 했을 뿐이다. 강변도로의 집 앞에 있던 괴한들이 총을 쏘았다. 내가 억울하지 않다면 수감생활까지 다 하고 나와서 '내가 쏘지 않았다'고 하겠는가. 마지막으로 재심 청구를 해서 반드시 누명을 벗겠다."

당시 사건 현장의 상황이나 경찰의 엉성한 수사 결과에 비추어 볼 때, 오빠가 동생을 죽이지 않았다는 주장이 설득력이 강하다면, 실제 범인은 그 괴한들일 가능성이 크다. 그들이 정인숙을 살해했다면, 공소시효가 한참 지난 지금 그들은 어디에서 웃고 있을까?

1979년 10월 26일 저녁, 청와대 옆의 궁정동 '안가(安家)'에 술자리가 펼쳐졌다. 주안상에는 대통령 박정희, 중앙정보부장 김재규, 비서실장 김계원, 경호실장 차지철이 둘러앉아 있었다. 박정희는 화가 많이 나 있는 상태였다고 한다. 10월 16일 부산에서 터진 '반유신독재' 집회와 시위가 마산으로 번져 대규모 민중항쟁으로 발전한 것을 위수령을 발동해서 가까스로 '진압'했으나 그의 '정치적 아성'인 대구까지 그 불길이

현장에서 사건을 재연하는 김재규

옮겨 갈 기세였기 때문이다. 그 자리에서 박정희는 김재규를 호되게 꾸짖었다. '대규모 소요 사태(부마항쟁)'에 제대로 대처하지 못하고 야당인 신민당의 정치공세에도 '온건한' 반응을 보였다는 것이었다. 차지철은 '반항하는 자들은 모두 탱크로 눌러버려야 한다'면서 '캄보디아에서 3백만명을 죽였는데 우리가 1, 2백만명 못 죽이겠느냐'고 섬뜩한 말을 했다.

저녁 7시 41분, 여대생이자 패션모델인 신재순이 가수 심수봉의 기타 반주에 맞춰 '사랑해'라는 노래를 부르고 있었다. 그 순간 김재규가 몰래 숨겨 들여온 권총을 꺼내 차지철에게 한 발을 쏘았다. 차지철이 팔에 총탄을 맞고 비틀거리자 김재규는 박정희의 가슴을 향해 사격을 했다. 차지철이 필사적으로 저항하자 김재규는 그를 향해 권총 방아쇠를 당겼으나 불발이었다. 김재규는 밖으로 나가 심복인 중앙정보부 의전과장 박선호의 권총을 들고 다시 들어와서 화장실에 숨어 있다 나오는 차지철의 배에 실탄을 발사해서 즉사시켰다. 그는 신재순과 심수봉이 부축하고 있던 박정희에게 다가가서 뒤통수에 한 방을 쏘았다. 1961년 5월 16일 쿠데타 이후 18년 반 동안 '절대군주'처럼 군림해온 독재자 박정희의 종신집권은 62세의 나이로 비참한 종말을 맞이하고 말았다.

박정희는 낮에는 근엄하기 비할 데 없는 국가원수였다. 그러나 그는 사흘이 멀다 하고 땅거미가 진 뒤에는 술과 향락에 빠져들었다. 거기에는 미모의 여성이나 연예인이 빠지는 법이 거의 없었다고 한다.

●●● 유신체제 말기 대통령 박정희의 행사는 그 빈도가 매우 잦았다. 대통령이 혼자서 하는 소행사나 측근 권력자 3~4명이 함께하는 대행사가 한 달이면 열 번 정도씩 열렸다. 그러니까 사흘에 한 번꼴로 주연을 벌였다는 얘기다. 그때마다 외부에서 술시중 드는 여자들을 불러왔다. 대통령의 주연 담당이던 중앙정보부 의전과장 박선호는 일요일을 포함해 하루도 쉴 수가 없었다. (…) 술자리 여자를 최종 심사했던 사람은 경호실장 차지철이었다. 그는 요정에 소속돼 있는 여자들을 데려오지 못하게 했다. 고위층과 함께하는 술자리를 자랑스럽게 생각하는 연예계 지망생이 0순위였다. 그 중엔 유수 대학의 연예 관련 학과 재학생도 있었다.

차지철은 또 하나의 원칙으로 같은 여자를 두 번 이상 들여보내지 않았다. 단골을 만들면 보안상이나 기타 부담스러운 문제가 생길 수 있기 때문이다. 그런가 하면 반강제 차출도 있었다. 박정희가 국산영화를 시사하거나 TV 연예 프로 등을 보다가 마음에 든 배우나 가수의 이름을 대며 '한번 보고 싶다'고 하면 큰 물의가 없는 한 대개 불러왔다.

(김재홍 '술자리 여자 최종 심사는 대통령 경호실장 / 0순위는 연예계 지망생…
일류배우까지도' 오마이뉴스 2011년 10월14일자)

'채홍사'가 구해 온 여자들은 궁정동 '안가'에서 주로 벌어지는 술자리에 들어가기 전에 청와대 경호실의 규칙에 따라 '보안서약'을 한 뒤 접대법을 교육받았다고 한다. 그 자리에 참석했다는 사실을 외부에 발설하지 말고, 대통령을 비롯한 고위 인사들의 대화 내용에 관심을 두지

말 것이며, 대통령이 먼저 말을 걸기 전에 애교나 응석을 부려서는 안된
다는 등.

박정희가 밤을 어떻게 보내는지에 관해서 1970년대 초부터 언론계와
시중에는 온갖 소문이 나돌았다. 박정희의 '엽색행각'을 알게 된 아내
육영수가 화를 내거나 항의를 하다가 남편에게 손찌검을 당했다는 등의
내용이었다. 당시 어떤 사람들은 그것을 '육박전(육씨와 박씨의 다툼)'
이라고 불렀다.

1974년 8월 15일, 서울 장충동 국립극장에서 열린 광복절 기념식장에
서 육영수가 재일동포 문세광이 쏜 총탄(여기 관해서는 경호원의 방호
사격에 육영수가 희생당했다는 설도 있음)을 맞고 목숨을 잃은 뒤 박정
희는 갈수록 '밤의 향연'에 빠져들었다고 한다. 이런 사실은 김재규와
함께 재판을 받은 박선호가 변호인들에게 실토하거나 법정에서 진술한
내용을 통해 세상에 알려졌다. 1980년 1월 24일에 열린 공판에서 박선
호는 이렇게 최후진술을 했다.

●●● 어제 여기서 검찰관께서 그 집은 사람 죽이는 곳이냐 하는 질문 같지
도 않은 질문을 했습니다만 그런 건물은 모두 대여섯 개가 있는데 각하만
전용으로 사용하시는…
　그래서 이것을 제가 발표하면 서울시민이 깜짝 놀랄 것입니다. 여기에는
수십 명의 일류 연예인이 다 관련되어 있습니다. 명단을 밝히면 시끄럽고

그와 같은 진행과정을 알게 되면 세상이 깜짝 놀랄 일들이 많습니다. 평균 한 달에 각하가 열 번씩 나오는데 이것을…
제가 연중 하루도 쉬지 않고 열심히 근무했고 상관의 명령을 충실히 이행했다는 것을 이 자리에서 말씀드립니다.

박정희를 살해한 김재규는 그것을 '혁명'이라고 주장하면서 1심 최후 변론에서 이렇게 말했다.

●●● 저의 10월 26일 혁명의 목적을 말씀드리면 다섯 가지입니다. 첫 번째가 자유민주주의를 회복하는 것이요, 두 번째는 이 나라 국민들의 더 많은 희생을 막는 것입니다. 세 번째는 우리나라를 적화로부터 방지하는 것입니다. 네 번째는 혈맹인 미국과의 관계가 건국 이래 가장 나쁜 상태이므로 이 관계를 완전히 회복해서 돈독한 관계를 가지고 국방을 위시해서 외교 경제까지 더욱 적극적인 협력을 통해서 국익을 도모하자는 데 있었던 것입니다. 마지막 다섯 번째로 국제적으로 우리가 독재국가로서 나쁜 이미지를 갖고 있습니다. 이것을 씻고 이 나라 국민과 국가가 국제사회에서 명예를 회복하는 것입니다."

박정희가 18년이나 전체주의적 철권통치를 하던 기간에 대다수 국민들, 특히 젊은이들은 도덕과 윤리, 군사적 규율을 강요당했다. 청년들이 머리를 길게 기르면 큰길에서 경찰이 가위로 자르고, 여성의 미니스커트가 무릎 위 얼마까지 올라가는지를 줄자로 재는 진풍경이 벌어지기도

했다. 고등학생부터 대학생까지 병영화한 학원에서 교련을 받는 사회에서 박정희 혼자만은 무법지대에 살고 있었다. 그가 헌정쿠데타를 저질러도 제지하는 세력이 없었으며, 그가 벌이는 질탕한 '섹스 파티'를 공개적으로 비판하는 사람도 보기 어려웠다.

박정희가 심리적으로 어떤 상태에서 그런 생활을 했는지에 관해서 정신병리적 분석을 한 보고서는 없는 것 같다. 그러나 그가 민주화운동세력의 끈질긴 저항과 민중의 항쟁에 부닥칠 때마다 악몽에 시달렸으리라는 것은 능히 짐작할 수 있다. 피폐해질 대로 피폐해진 정신을 달래기 위해 그는 '엽색행각'을 멈출 수 없었을 것이다. 그의 파멸과 죽음은 그런 정신 상태의 정점에서 그에게 닥쳐온 것이 아닐까?

박정희와 싸우며 '행복했던' 사람들

1974년 여름 어느날, 서울 삼각지의 국방부에 설치된 비상군법회의 법정에서 '전국민주청년학생총연맹(약칭 민청학련) 사건' 피고인들에 대한 구형공판이 열리고 있었다. 군 검찰관이 떨리는 목소리로 구형을 시작했다. "피고인 이철, 동 유인태, 동 여정남, 동 정문화, 동 황인성, 동 나병식에게 사형을 구형한다."

그해 4월 24일 중앙정보부장 신직수가 발표한 민청학련 사건 중간조사 결과를 보면 그들은 "공산계 불법단체인 인민혁명당 조직과 재일 조총련의 조종을 받는 일본 공산당원 및 국내 좌파 혁신계 등의 조종을 받아 국가변란을 획책"한 '대역죄인들'이었다. 2000년대 후반에 '진실·화해를 위한 과거사 정리위원회'가 진상을 조사한 결과, 중앙정보부를 비롯한 수사기관이 그들을 고문하고 증거를 조작해서 그 사건을 꾸며냈다는 사실이 드러났다. 민청학련 사건 관련자들은 법원의 재심에서 모두 무죄 판결을 받았다.

동아일보 투쟁위원회 농성장에서 농성에 필요한 집기들을 나르는 사람들

1974년 정초에 대통령 박정희가 공포한 긴급조치는 청년학생과 재야 인사 등 민주화운동세력을 탄압하기 위한 수단이었다. 긴급조치 위반 혐의로 기소된 사람들은 비상군법회의에서 재판을 받아야 했다. 검찰의 구형량은 대부분의 경우 선고형량과 일치하는 '정찰제'였다. 그래서 사형을 구형받는 순간 피고인들의 얼굴이 사색이 되는 것은 당연했다.

앞에 말한 재판에서 검찰관은 서울대 상대 학생 김병곤에게도 사형을 구형했다. 당시 22세이던 그는 웃음을 띤 얼굴로 이렇게 말했다.

●●● "검찰관님, 재판장님, 영광입니다. 감사합니다. 아무것도 한 일이 없는 저에게까지 이렇게 사형이라는 영광스런 구형을 주시니 정말 감사합니다. 사실 저는 유신 치하에서 생명을 잃고 삶의 길을 빼앗긴 이 민생들에게 줄 것이 아무것도 없어 걱정하던 차에 이 젊은 목숨을 기꺼이 바칠 기회를 주시니 고마운 마음 이를 데 없습니다. 감사합니다."

(김병곤 추모문집 〈영광입니다〉 180~181쪽)

그 무렵 신문과 방송을 포함한 모든 대중매체들은 군법회의에서 어떤 일이 벌어지고 있는지를 전혀 보도하지 못했다. 그런 일조차 긴급조치 위반으로 처벌을 받기 때문이었다. 그래서 김병곤의 '영광입니다'는 재판을 방청한 구속자 가족들의 입을 통해 개신교나 천주교의 '인권기도회'에서 사람들에게 알려졌다. 그 소식을 전해 들은 민주인사들은 박정희 독재와 싸우다 '저승사자'의 코앞에까지 간 청년이 죽음을 영광으로 받아들이는 자세를 보고 깊은 감명을 받았다.

1974년 7월 9일 군법회의 제1심판부에서 사형을 선고받은 김병곤은 상급심에서 무기로 감형된 뒤 1975년 2월 12일 구속집행정지로 풀려났다. 그는 그 이후 긴급조치 시기는 물론이고 전두환, 노태우로 이어지는 군사정권 때에도 민주화와 통일을 위한 운동에 전념하면서 다섯 번이나 투옥되었다. 그는 고문과 옥살이의 후유증이 분명한 난치병으로 1990년 12월 6일, 38세의 젊은 나이로 세상을 떠났다. 그는 마지막을 앞둔 날, 병상에서 웃음을 잃지 않은 채 가족과 선배, 동료들을 오히려 위로했다. 김병곤의 죽음은 시대의 불행이었지만 그의 마음속에는 언제나 '행복'이 자리 잡고 있었음이 분명하다.

58세의 '늦깎이'로 1976년에 처음 '빵잽이(죄수)'가 된 문익환 목사는 긴급조치 시기에 두번(그 뒤 네번 더 수감됨) 옥살이를 했다. 그는 1976년 3월 1일 서울 명동성당에서 야당 지도자 김대중을 비롯해서 여러 종교인들이 함께 발표한 '3·1 민주구국선언' 작성을 주도한 혐의로 체포되어 구속당했다. 그는 감방 벽에 '신랑이 신부의 방을 찾듯이'라고 쓴 종이를 붙여 두고 언제나 웃음을 잃지 않았다고 한다. 문 목사는 1977년 4월 16일 아내 박용길 장로에게 보낸 편지에 이렇게 썼다.

●●● 누가 무어라고 하더라도 나를 믿으시오. 나는 건강하게, 즐겁게, 보람

차게, 너무너무 뜻있게 살고 있다는 것을! 여기 교도관들도 60 먹은 사람의 몸이 그렇게 유연하고 건강하다는 데 놀라고 있죠. 햇빛을 받으며 30분 동안 뛰는 나의 몸은 30대의 젊은 몸이라고들 한다오.

(문익환 목사 옥중서한집 〈꿈이 오는 새벽녘〉 10쪽)

문익환 목사는 1994년 1월 18일 저녁, 급작스런 심장질환으로 작고했다. 그는 박정희 정권 시기는 물론이고 그 이후의 억압적인 정치체제 속에서도 언제나 웃음을 잃지 않았다. 그는 "조개 속 보드라운 살 바늘에 찔린 듯한/ 상처에서 저도 몰래 남도 몰래 자라는/ 진주 같은 꿈으로 잉태된 내일"(문익환 지음, '꿈을 비는 마음'에서)을 꿈꾸다가 그를 따르던 모든 이들에게 충격과 슬픔을 안기고 떠났지만, 해마다 그의 기일(忌日)이 오면 그를 그리워하는 사람들은 '축제' 같은 추모식을 열곤 한다.

나 개인은 박정희 정권 때 가장 혹독한 세월을 보냈다. 1974년 10월 24일, 동아일보사의 기자들이 발표한 '10·24 자유언론실천선언'을 기점으로 방송국의 프로듀서와 아나운서까지 합세한 자유언론실천운동이 벌어졌다. 그것은 독재자 박정희와 긴급조치에 정면으로 도전한, 당시로서는 상상할 수 없는 투쟁이었다. 그 운동에 참여했다가 1975년 3월 중순에 강제해직당한 113명(18명은 작고) 가운데 대다수는 지금 70세를 넘긴 노인이 되었는데, 그 시절이 가장 행복했다고 말한다. 신문이나 잡지의 기사와 논평, 방송프로그램의 내용 때문에 긴급조치 위반으로 정보·수사기관에 잡혀가서 모진 고문을 당한 뒤 투옥될 수도 있었지만, 그들에게는 두려움이 거의 없었다. 박정희가 물려준 재갈에서 벗어나지 못한 채 사실을 사실대로 전하지 못하고, 이름만 언론인일 뿐이지 '노예'처럼 살던 일상을 벗어나서 유신독재체제의 인권 유린과 민중 수탈을 샅샅이 알릴 수 있게 된 현실이 너무나 행복했던 것이다.

강제해직을 당해서 동아일보사에서 쫓겨나던 때 나는 31세였다. 홀어머니를 모시고 동생 다섯명의 뒷바라지를 해야 하는 처지라서 늘 생활고에 시달렸지만, 갑자기 실업자가 된 것이 후회되지는 않았다. 나는 오히려 형편이 나은 편이었다. 많은 선배와 동료는 30대 중반부터 50대 초반까지의 가장들이었다. 그들은 6개월 동안 광화문의 동아일보사 정문 앞에서 '복직과 강제해직 책임자 문책'을 요구하면서 시위를 벌이다가 생업을 찾아 나섰다. 어떤 사람은 출판사 직원으로, 또 다른 이는 '날품팔이'나 다름없는 번역가로 나섰다. 남대문시장에 옷가게를 낸 사람들도 있었다. 그러나 그들의 입에서 '불행하다'는 말이 나오는 것을 들은 적이 없다.

1976년에는 유신독재를 비판하던 교수들이 여러 대학에서 강제해직 당했다. 연세대의 성내운, 한양대의 리영희, 서울대의 백낙청 교수 등이었다. 그들은 동아일보사 해직언론인들이 결성한 동아자유언론수호투쟁위원회(약칭 동아투위)에 이어 해직교수협의회를 조직했다. 지금 광화문 교보빌딩 뒷골목의 선술집이나 빈대떡집은 박정희가 생존권을 빼앗아버린 '거리의 언론인들'과 해직교수들, 그리고 자유언론실천문인

협의회(한국작가회의 전신) 회원들이 어우러지는 '친화의 거리'가 되었다. 그들은 당장 집안 살림을 걱정해야 하는 형편이었으나 적은 원고료를 받거나 약소한 수입이 생기면 밤이 새도록 막걸릿잔을 주고받았다. 그 시절에는 야간통행금지가 있어서 자정이 넘으면 집에 갈 수 없었지만, 그들은 흐릿한 불빛 아래서 밤을 지새우곤 했다.

박정희는 그들에게 고통과 불행을 준 것이 아니라 역설적으로 행복을 안겼다. 박정희는 총탄에 맞아 비명횡사했지만, 그들 대다수는 독재의 가시덤불을 넘어 오늘도 건강하게 살고 있다.

박정희 '찬양론'의 허구

박정희는 역대 대통령들 가운데 지금도 가장 인기가 높다. 2009년 8월, 여론조사 전문기관인 리얼미터가 '국가 발전에 가장 높게 기여한 대통령'에 관한 설문조사를 한 결과, 박정희가 53.4%로 1위를 차지했고, 김대중이 25.4%로 2위, 노무현이 12.4%로 3위였다. 2010년 9월에 시사인이 실시한 여론조사에서 박정희는 지지율 41.8%로 전보다 크게 떨어지기는 했으나 어쨌든 1위로 나타났다.

박정희에 대한 평가는 찬양과 혹독한 비판이라는 극단적 형태로 나타난다. 비판을 전제로 한 '중도적 호평'이 있기는 하지만 극소수 전문가들의 목소리에 지나지 않는다.

박정희 찬양론의 맨 앞장에 서 있는 사람은 조선일보사에서 오래 일하다 지금은 인터넷매체인 조갑제닷컴 대표로 일하는 조갑제이다. 그는 정력적인 취재와 저술을 통해 박정희를 영웅화하고 신화적 존재로 만들려고 혼신의 힘을 다해 왔다. 그는 1983년에 월간조선 기자로 들어가서 1991년에 편집장이 되어 2000년 말까지 재직했다. 그리고 2001년 월간

조선이 조선일보사에서 독립해서 법인이 되자 대표이사를 맡았고, 2005년 4월에는 조갑제닷컴의 대표로 자리를 바꾸었다.

조갑제가 펴낸 〈박정희 전기〉(전13권)는 박정희에 관한 기록으로는 '독보적'이다. 박정희의 삶에 관한 평가는 지나친 '미화와 영웅화'라는 비판을 받지만, 조갑제가 직접 취재한 사실들 가운데 일부는 박정희 연구에 도움이 되기도 한다.

조갑제는 진보적 학자들이나 언론인들이 박정희를 부정적으로 평가하는 데 전혀 동의하지 않는다. 특히 박정희의 '친일행적'에 대해서는 독특한 논리로 '변론'을 펼친다. 2008년 4월 29일 민족문제연구소의 친일인명사전편찬위원회가 '친일인사 2차 명단'을 발표하면서 친일인명사전에 최종 수록할 4,776명에 박정희를 포함시키자 조갑제는 자신의 누리집에 격렬한 반론을 실었다. "조국이 없던 시절 식민지의 한 청년이 일본의 괴뢰국 군인이 되어 공산군과 싸웠다고 해서 친일파로 규정하려는 것은 그가 대통령으로서 이룩한 조국 근대화의 업적을 말살함으로써 민족사의 가장 찬란한 한 장을 없애려는 의도를 깐 역사 파괴 행위"라는 것이었다. 그는 "인생의 복잡하고 기복 많은 본질을 무시하고 일순간의 약점을 캐내어 그 사람과 한 시대의 모든 것을 깡그리 부정하려 드는 선동술은 인간과 역사에 대한 모독"이라면서 "한 나라의 품격은 국민들이 어떤 사람을 기리는가를 보면 알 수 있다. 우리 국민들이 역대 인물 1위로 꼽는 박 전 대통령을 무덤에서 불러 조사하겠다는 자들은 그 무덤에 대신 파묻히고 말 것이다."라고 적었다.

박정희를 친일파로 규정하려는 것은 "그가 대통령으로서 이룩한 조국 근대화의 업적을 말살함으로써 민족사의 가장 찬란한 한 장을 없애려는 의도를 깐 역사 파괴 행위"라고 주장한 조갑제와 달리 최상천(전 대구가톨릭대 교수)은 〈알몸 박정희〉라는 제목의 저서에서 아래와 같은 요지로 '박정희는 천황주의자'라고 단정했다.

친일파란 일제강점기에 사적 이익을 위해 일본제국주의에 봉사하고 부역한 한국인을 뜻하는데 박정희의 경우 생물학적으로는 한국인일지 몰라도 모든 생각과 의식이 철저히 일본화한, 그것도 천황주의자·군국주의자가 된 만큼 '소프트웨어'는 일본인 중에서도 가장 극렬한 일본인이라는 것이다.

●●● 유신체제도 박정희의 '철저한 천황주의'에서 이해돼야 한다고 최상천은 말했다. 그는 '유신체제는 박정희가 자신의 영구집권을 위해 구축한 억압적 통치구조인 동시에 천황주의를 한국에서 실현한 것'이라고 설명했다. 그는 '박정희의 유신체제는 일본의 천황처럼 한 개인이 국가 위에 올라타서 모든 사람을 자기의 의도대로 움직이는 시스템'이라면서 '스탈린 체제와 김일성 체제도 국가 구성원 모두를 자신의 신민(臣民)으로 부렸다는 점에서 본질적으로는 동일한 측면이 있다'고 말했다. 유신체제의 폐해는 당대의 정치·사회적 억압을 훨씬 뛰어넘어 위로는 대통령과 재벌, 맨 아래로

는 말단 행정조직인 파출서 · 소방서 · 동사무소와 지역 토호에 이르기까지 한국 사회 구석구석에 형성된 정경유착과, 무엇보다 폭력이 내면화됨으로써 '조폭주의' '두목숭배주의'가 자리 잡는 등 거대한 구조악으로 남아 있다는 게 그의 진단이다. **(경향신문 2004년 8월1일자)**

박정희를 숭배하고 찬양하는 대표적 인물로 그의 맏딸인 박근혜를 빼놓을 수가 없다. 그는 제17대 대통령선거 기간이던 2007년 7월 19일, 서울 효창동 백범기념관에서 열린 대선후보 검증청문회에서 '5·16의 성격'에 관한 질문을 받고, 남북 대치상황에서 잘못하면 남한이 북한에 흡수될 수 있는 상황이었다고 전제한 뒤 '5·16은 구국혁명이었다.'라고 말했다. 박정희가 군사쿠데타를 일으켜 장면 민선 정부를 뒤엎지 않았으면 대한민국이 '적화통일' 되었을 것이라는 뜻이었다.

그런데 역사적 사실들을 되짚어보면 박근혜의 주장은 '근거가 박약한 가설'이라는 것이 금세 드러난다.

●●● 박정희 정권은 집권 기간 내내 장면 정권 집권기는 혼란이 심했고 치안이 부재했다고 선전했는데, 그것은 일면의 진실일 뿐이다. 이승만 정권이나 박정희 정권처럼 억압 일변도의 통치를 할 수 없었던 시기에 이전 정권 하에서 쌓였던 불만이 터지고, 학원마다 학원모리배를 규탄하고, 주민 집단 학살과 각종 의혹사건의 진상 규명을 요구하는 움직임이 일어나는 것은 자연스러운 일로서, '정상적인 사회'로 가기 위해 어차피 겪어야 할 전반적인

사회 재조정 과정이었다. 또 시위는 박 정권 주장과 달리 주로 과도정부 시기인 4월 26일부터 6월 말까지 일어났고, 장면 정권의 경우 집권 초기가 후기보다 많았다. 1961년에 들어오면서 시위는 현저히 줄어들었고, 주목받았던 그해 4월 19일에도 예상과 달리 평온해 쿠데타 모의자들이 쿠데타를 연기하지 않을 수 없었다. 경찰의 시위 대처 '능력'도 1961년 2~3월경에는 크게 향상되었다.　　　　　　　　　　　　　　《한국민주화운동사 1》 211~212쪽）

　1979년 10월 26일 박정희가 김재규의 총탄에 맞아 목숨을 잃자 다수의 재야 민주화 운동가들은 곧 민주체제가 세워질 것이라고 기대했다. 그러나 그것은 지나친 낙관이자 '섣부른 전망'이라는 사실이 멀지 않아 드러났다. 박정희가 공을 들여 키운 전두환·노태우 중심의 '신군부'가 12·12 군사쿠데타로 국민의 민주화 열망에 찬물을 끼얹었던 것이다. 이른바 '유신 잔당'과 손을 맞잡은 신군부는 동아·조선·중앙일보를 비롯한 수구보수언론을 총동원해서 '박정희 영웅화' '김재규 역적화' 작업을 대대적으로 밀어붙였다. 그들은 1980년 광주 일원의 5월항쟁을 총칼로 억누르고 셀 수 없이 많은 시민을 살상한 뒤 박정희 독재를 물려받는 군사정권을 세웠다.

　박정희를 '시조'로 삼는 그 체제는 지금까지 끈질기게 이어져 오고 있다. 김대중·노무현 정부 시기에도 보수정당과 조·중·동은 수구의 부활을 위해 끊임없이 민주적인 정권을 공격했다. 그런 '작업'을 하면서 그들이 늘 여의주처럼 모신 것이 '구국의 영웅 박정희'였다.

2012년 2월 21일, 서울 마포구 상암동의 박정희기념관이 문을 열었다. 국고 200억여원이 들어간 기념관의 전시물은 농업개발, 댐과 고속도로 건설, 중화학공업 육성 등 박정희가 대통령 재임 기간에 경제개발과 관련해 이룬 '치적' 을 중심으로 이루어져 있다. "젊은 세대들에게 민족중흥과 근대화를 어떻게 이룩했는지 보고 느끼게 하는 교육의 장으로 꾸몄다"는 것이 기념관 관계자의 설명이었다.

개관 기념행사가 열리던 시각에 '역사정의 실천연대' 회원 50여명은 기념관 앞에서 기자회견을 열고 '친일 · 독재 전력이 있는 박 전 대통령 기념관 개관은 과거 회귀 세력들이 국민 혈세로 자신의 정치적 목적을 이루려는 범죄행위' 라면서 기념관을 폐관하라고 주장했다. 그들은 "박정희 기념관을 허용한다면 머지않은 장래에 학살자 전두환과 노태우의 기념관이 들어서는 비극을 보게 될 것"이라고 경고했다.

바로 그 시간에 새누리당 비상대책위원장 박근혜는 개관식에 참석해서 "대한민국의 국가 발전 동력이 어떻게 만들어지고, 국가와 국민이 어떤 공감대 속에서 성취를 이뤄냈는지, 그 과정에서 지도자의 역할이 무엇이었는지 알 수 있는 소중한 배움의 장이 될 것"이라고 말했다. 기념관 건립 회장인 김정렴(전 청와대 비서실장)이 "전 국토가 박정희 기념관"이라고 말하자 박근혜는 "국민이 만들어낸 자랑스러운 역사"라고 '화답' 했다고 한다.

박정희 찬양론자들이 그의 가장 큰 업적으로 내세우는 것은 '경제개발'과 '고도성장'을 통한 '민족중흥'이다. 그들은 박정희가 지도자로서 '매우 유능'했으며 '민족주의적'이었고 '청렴결백'했다고 주장하면서, 박정희의 횡포는 대다수 '국민의 지지'에 바탕을 두고 있었기 때문에 '독재'라고 부를 수 없다고 주장한다. 이 점에 대해 김수행과 박승호는 2007년 7월에 함께 펴낸 책인 〈박정희 체제의 성립과 전개 및 몰락〉의 '책머리에'에서 이렇게 잘라 말한다.

●●● 이런 주장은 히틀러 정권을 찬양하는 것이나 다름없다. 히틀러는 1933년 정권을 잡고 독일민족의 '생활권(生活圈, Lebensraum)'을 확보한다는 명목으로 대외침략을 도모하는 과정에서 군수산업을 육성하고 군인과 비밀경찰을 대폭 증원함으로써 실업자를 거의 반으로 줄이는 경제적 성과를 올렸다. 독일 경제를 침체에서 회복시켰다는 점에 근거해 히틀러 정권을 찬양하는 사람들은 서양에서는 대체로 파시스트(fascist)라고 불려 '정신이상자'로 분류되고 있는데, 우리나라에서는 전혀 반대로 거대 야당인 한나라당의 국회의원들, 정부의 통계숫자와 공식문서를 절대적으로 믿는 이른바 실증주의적 역사학자 · 경제학자들, 그리고 언제나 과거를 미화하는 노인들이 박정희 정권을 '진정으로' 찬양하고 있을 뿐 아니라 앞으로도 박정희식 발전모델을 다시 추구해야 한다고 강권한다.

박정희는 경제개발과 고도성장만 이루면 모든 국민이 잘 살 수 있다고 강조하면서 자연을 파괴하고 환경을 오염시키는 '개발정책'을 군사작전 하듯이 밀어붙였다. 그는 1980년을 목표 연도로 잡고 '수출 100억 불, 국민소득 1,000불'을 끊임없이 노래했다. 그 목표는 1980년보다 훨씬 이전에 달성되었다. 수출액은 1972년의 16억 달러에서 1977년에 100억 달러를 넘어섰고, 1970년에 252달러이던 1인당 국민소득은 1977년에 1000달러에 이르렀다. 그 결과로 산업화의 기반이 마련된 것이 사실이지만, 거기에는 땀 흘려 일하는 사람들의 희생이 따를 수밖에 없었다.

●●● '산업전사'라는 새로운 용어가 이 시대의 분위기를 웅변해준다. 국민들은 전투를 벌이듯이 일을 해야 했다. 이 과정에 제대로 적응하지 못하는 사람은 자연스럽게 사회의 낙오자가 되었다. 많은 국민들이 혹독한 자본주의적 경쟁이라는 새로운 사회적 상황 속으로 내몰렸다. 얼마 전까지도 그들은 농민으로서 자신의 노동시간을 스스로 통제하고 땅과 어울려 생산하던 존재였으나, 이제는 자본의 이윤 노예로서 기계의 리듬에 맞추어 자신의 생체리듬을 통제해야 하는 타율적 존재로 변하고 말았다. 많은 사람들이 이런 식으로 '자기 땅에서 유배당한 자'들이 되고 말았다.

(홍성태 '폭압적 근대화와 위험사회' 이병천 엮음 〈개발독재와 박정희 시대〉 330쪽)

박정희가 '잘 살아보세'를 외치면서 군대식으로 추진한 경제개발은 괄목할 만한 성과를 냈음이 분명하다. 세계적인 기업으로 발돋움한 포항제철(지금의 포스코)이 대표적인 보기이다. 그리고 삼성과 현대를 비롯한 재벌들이 박정희 정권의 정책적 지원과 특혜를 통해 국제적 그룹으로 커진 것도 사실이다. 박정희가 추진한 물량적 성장의 영향으로 한국은 21세기 들어 세계에서 10위를 넘보는 '경제 소강국'으로 떠올랐다. 지금은 자가용 자동차가 있는 집이 없는 집보다 훨씬 많을 정도로 '잘 사는' 나라가 되었다.

그런데 문제는 박정희가 밀어붙인 고도성장이 0.1%의 재벌과 1%의 특권층이 부를 독과점 하는 결과를 빚어냈다는 데 있다. 경제개혁연구소 연구위원 위평량이 분석한 자료를 보면, 2011년 30대 재벌의 전체 재산은 1,460조 5,000억원으로, 국내총생산(GDP) 1,172조원보다 300조 원 가까이 많다. 연간 매출은 1,134조원으로, 국내총생산의 96.7%에 이른다.

●●● 1980년부터 2011년까지 30대 재벌의 자산은 70배, 매출은 48배로 불어났다. 1990년대 들어 급상승한 30대 재벌의 매출액은 2000년 들어 상승 속도가 주춤하다가 이명박 정부 들어 다시 급증했다. 재벌(총수)의 부가 곧 국부가 됐고, 재벌 중심 사회체제는 더욱 굳건해지고 있다.

(한겨레 2월13일자)

'인구의 0.1%에 불과한 재벌 구성원들'이 국부의 96.7%를 생산하는 국가가 민주와 자유, 평등을 실현할 수는 도저히 없는 일이다. 경제는 물론이고 정치와 사회, 교육 등 모든 분야에서 '승자 독식'이라는 밀림의 법칙을 국가 경영의 금과옥조로 만들기 시작한 장본인은 바로 박정희였다. 그래서 박정희의 경제개발 업적을 찬양하는 사람들은 밀림에서 작거나 약한 동물들을 잡아먹고 사는 사자나 호랑이를 숭배하는 것이나 다름없다는 비판을 받아야 할 것이다.

스칸디나비아의 스웨덴, 덴마크, 노르웨이와 그 인접국가인 핀란드는 1인당 국민소득이 5만 달러에서 8만 달러에 이르는 경제적 선진국들인데, 법관이나 의사에 비해 광산노동자나 환경미화원의 임금이 그다지 떨어지지 않는다고 한다. 좌파가 집권하든 우파가 정권을 잡든 간에 경제적 평등을 위한 정책의 틀을 크게 바꾸지 않기 때문이다.

그런데 박정희의 민주공화당을 '원조'로 하는 오늘의 새누리당은 재벌과 특권층의 기득권을 옹호하고 확대하는 데 몰두하고 있다. 정치적 자유와 경제적 평등을 최대한으로 이루려면 박정희가 씨앗을 뿌린 재벌들의 국가 경제 지배와 빈부 양극화를 뿌리부터 수술해야 한다. 그래야만 국민 99%의 소외감과 박탈감을 해소하고, 세계 200여개 나라들 가운데서 '행복지수'가 하위권을 맴도는 한국을 지금보다 맑고 밝은 나라로 만들 수 있을 것이다.

박정희의 '한국적 파시즘'

1961년 5월 16일, 박정희 중심의 쿠데타 세력이 발표한 '혁명공약'의 제1항은 "반공을 국시의 제일로 삼고 지금까지 형식적 구호에만 그친 반공체제를 재정비, 강화한다."였다. 1948년 10월의 '여수·순천 반란 사건' 직후 '군부 안의 남로당 프락치'로 검거되어 재판에서 무기징역을 선고받는 등 생사의 기로에서 헤맨 적이 있던 그가 '반공'을 '혁명의 으뜸가는 대의'로 내세운 것은 당연한 일로 보였다. 그렇게 함으로써 한국의 정치·경제·문화뿐 아니라 국방에 대해 절대적 영향력을 가진 미국을 안심시키고, 국민 대중의 지지를 받을 수 있으리라고 판단했을 것이다. 결과적으로 그는 합법적 민주정부를 무너뜨리고 군사정권을 세울 수 있었다.

박정희는 1971년부터 이듬해까지 남북회담이 열리던 기간을 제외하면 집권 18년 동안 단 한 번도 '반공'을 포기한 적이 없었다. 그는 항상 '반공'을 최고의 이념이자 신앙으로 내세웠다. 그렇다면 그는 공산주의의 대척점에 선 민주주의나 자유주의를 철저하게 실천하는 사람이었던가? 그의 정치적 행태가 명백히 보여주었듯이 전혀 그렇지 않았다. 그는 창의적인 이념을 바탕으로 국가나 민족의 미래를 생각하는 지도자라기보다는 비생산적인, 증오와 대립의 이데올로기에 기대어 독재체제를 지탱해 나간 극단적 보수주의자였다.

박정희는 특히 '한국적 파시즘'을 '창시'한 주역이었다. 그의 한국적 파시즘은 서양의 '고전적 파시즘'과 비슷하면서도 이질적인 요소가 적지 않았다.

●●● "파시즘(fascism)은 급진적이고 권위주의적이면서 민족주의적인 정치 이데올로기이다. 파시스트들은 유기적인 민족공동체에 대한 참여를 바탕으로 민족의 중흥을 시도하는데, 그 민족공동체 속의 개인들은 조상, 문화, 혈연이라는 초개인적 연결고리들을 통해 민족적 주체성 안에서 하나의 국민으로 통일된다. 그렇게 만드는 수단은 규율, 강령, 체육, 그리고 우생학을 통해 민족을 대대적으로 동원하는 것이다. 파시즘은 민족을 퇴화시키거나 민족문화에 적합하지 않다고 여겨지는 외국의 영향에 물들지 않도록 민족을 순화하려고 시도한다. 파시즘은 민족의 재생을 이루고 혼과 활력을 되살리기 위해 직접적 행동의 형태로 정치적 폭력과 전쟁을 조장한다. 파시스트들은 반대세력에 맞설 때, 또는 어떤 정치체제를 뒤엎을 때 흔히 준(準)군사적 조직들을 활용한다. 파시즘은 다양한 이데올로기들, 곧 보수주의, 자유주의, 그리고 사회주의의 두 형태인 공산주의와 사회민주주의를 반대한다. 파시즘은 전통적 정치이데올로기들 사이에서 분열되어 있던 응집력 있는 이

념들의 총합을 대표한다고 주장한다. 파시스트 국가는 그 목표들을 이루기 위해 여러 세력, 이념, 국민, 그리고 퇴폐와 퇴화의 원인이라고 여겨지는 체제들을 탄압한다."

(〈위키피디아〉 '파시즘' 항목에서)

박정희의 '한국적 파시즘'과 서양의 고전적 파시즘이 어떤 차이를 갖는지를 위의 인용문을 근거로 살펴보자. 현대 파시스트의 '원조'라고 할 수 있는 이탈리아의 무솔리니나, 그 동조자인 독일의 히틀러와 달리 박정희는 한국인의 '우생학적 우월성'을 주장하지는 않았다. 그가 일본 육사를 졸업하고 '천황 폐하의 신민'으로서 충성을 바치기로 맹세한 사람답게 '진정한 일본인'이 되려고 노력했다는 사실은 이 글의 앞에서 많은 자료를 통해 보여준 바 있다. 그리고 박정희는 무솔리니나 히틀러의 파시즘보다는 그 변형인 일본의 군국주의, 그리고 '천황'을 신격화하는 일본의 전체주의를 모델로 삼아 '한국적 파시즘'을 만들어냈다고 보아야 할 것이다.

박정희의 한국적 파시즘은 '민족중흥'을 빙자한 군사쿠데타와 헌정 쿠데타, 사회와 학원의 병영화 등을 통해 적나라하게 실체를 드러냈다. 여기서는 문화 분야, 특히 대중문화에서 그것이 어떻게 나타났는지를 살펴보려고 한다.

●●● "1960년대에 군사정권은 일본제국주의 시대의 규제와 법을 근대적으로 바꾸어 제도화하여 대중음악에 대한 국가적 개입의 근거를 마련하였다.

1966년 자율기구로 발족한 '예술문화윤리위원회'는 창립 당시 자율기구로서 음악 및 음반의 내용에 대한 심사사항을 회칙으로 규정하여 심의를 담당하였다. 그러나 창립 당시의 심의는 무대 공연 작품 외에는 실질적으로 이루어지지 않았으며, 1967년 음반법이 제정되면서 노래 및 가사에 대한 심의가 본격적으로 이루어지기 시작했다. 이 문화예술윤리위원회는 1970년 극영화 시나리오, 무대작품, 음반의 5개 분야 업무로 확대되고 체계화되어 모든 문화예술 작품들에 대한 심의를 담당하게 되었다.

1960년대에는 방송심의 부문도 기본적 틀을 갖추기 시작했던 때이다. 1962년 '한국방송윤리위원회'가 설치되었는데, 방송윤리위원회는 1965년 '가요심의전문위원회'를 운영하기 시작하였다. 여기서 1965년 3월, 79곡을 작사자 월북의 사유로 금지했으며 1994년 8월까지 총 130여 차례에 걸쳐 846곡을 방송 금지했다. "

(김영주 〈한국의 청년대중음악 문화〉 96~97쪽)

박정희가 국가재건최고회의를 통해 군사정치를 하던 1961~1963년에 대중가요계에는 '재건' 바람이 불었다. 파시즘적 대중문화 조작이 노골적으로 시작된 것이었다. '재건 데이트' '재건 폴카' '재건호는 달린다' '노래 실은 재건 열차' '재건 청년' '재건 아가씨' '스피드 재건호' 같은 노래들이 온 나라에 울려퍼졌다.

박정희 정권이 야당과 민주화 운동권의 격렬한 반대를 무릅쓰고 '용병'이라는 국제적 비난을 받으면서 베트남전쟁에 국군을 파견하던

1965년에는 '맹호들은 간다' '우리는 청룡이다' 같은 군가 풍의 곡들이 잇따라 나왔다.

　방송윤리위원회는 그 무렵에 처음으로 금지곡들을 발표했다. 목록을 보고 사람들이 가장 놀란 것은 이미자가 부른 '동백 아가씨' 가 포함되어 있었기 때문이다. 그 노래를 금지곡으로 단정한 단 하나의 이유는 '왜색' 이라는 것이었다. 왜색은 일본의 전통적 대중가요인 엔카(演歌)를 모방했다는 뜻이다. 정작 대통령인 박정희 자신은 이미자의 열렬한 팬으로서 외국에서 손님들이 오면 그를 청와대로 불러 '동백 아가씨' 를 비롯한 트로트 곡들을 부르게 했다고 한다. 그런데 1965년 여름 '굴욕적 한일회담' 이 타결된 뒤 국내 여론이 극도로 악화하자 박 정권이 일본문화에 대해 강경한 자세를 지니고 있음을 '과시' 하려고 '동백 아가씨' 를 희생양으로 삼았다는 것이 정설로 되어 있다.

　1972년 10월 17일 '유신체제' 를 선포한 박정희가 종신집권의 길로 치달으면서 모든 분야, 특히 대중음악에 대한 통제와 강압이 더욱 심해졌다. 대표적인 금지곡은 신중현이 작사·작곡·노래를 겸한 '미인' 이었다. "한 번 보고 두 번 보고 자꾸만 보고 싶네…"로 시작되는 그 곡은 1974년에 텔레비전 전파를 타면서 어른들은 물론이고 어린이들까지 따라 부를 정도로 폭발적인 인기를 얻었다. '미인' 이 수록된 〈신중현과 엽전들 1집〉 앨범은 당시로서는 상상할 수 없던 100만장 판매 기록을 세웠다. 정치적 의미가 없는 '미인' 이 금지곡이 된 데 대해 신중현은 이렇게 말했다.

●●● "어느 날 청와대에서 '대통령 노래'를 만들라고 연락이 왔어요. 그래서 내가 '나는 그런 음악 못한다.'라고 거절했죠. 그쪽에서는 기분이 나빴겠죠. '감히', 이런 기분도 들었을 거예요. 하지만, 할 수 없는 거는 못하는 거예요. 나는 음악 하는 사람이지 정치가는 아니니까요. 그 뒤부터 정보부에서 나를 많이 주시했어요. 내가 음악 하고 있는데 괜히 빙빙 돌면서 검은 지프가 따라다니고, 이건 뭐 내가 독일영화에 나오는 유대인도 아닌데 말이죠. 하여간에 그때는 생각하기도 싫어요. 아주 지옥 같아."

(최석우 '한국적 대중가요의 완성에 바친 음악인생 40년' 〈사회평론 길〉,
1995년 12월호 211쪽)

1973년 2월 16일 국회는 방송법 개정을 통해 그동안 임의단체였던 방송윤리위원회를 법정기관으로 정하면서 방송 제재 규정을 강화했다. 그리고 방송국에 심의실을 두어 방송 내용을 사전 심의하는 것을 의무화하고 그 결과를 다달이 문화공보부 장관에게 보고하도록 했다. 개정된 방송법은 '유신 방송법'이라 불러야 할 정도로 방송의 자율성을 억압했다. "국민정신이나 미풍양속, 사회 질서를 해칠 우려가 있는 것, 광란적 리듬이나 선율이 담긴 음악 또는 노출을 일삼는 쇼, 저속한 언행이나 부도덕한 내용, 퇴폐적이거나 비판적이고 비능률적인 요소가 담긴 프로그램, 청소년에게 악영향을 끼칠 우려가 있는 소재" 등이 방송법의 제재 대상이 되었다.

10월유신 선포 두달 남짓 뒤인 1972년 12월 30일 비상국무회의는 한국방송공사법을 공포했다. 그 법에 따라 KBS는 국영매체에서 공영매체로 바뀌었으나 실제로는 박정희의 '사영방송'이나 마찬가지가 되었다.

●●○ "KBS는 4월 9일 기본방송순서를 개편했는데, 이에 따른 춘계 편성의 방향은 정부시책의 홍보와 교양프로그램 강화, 새마을사업의 현장을 소개하는 대형 프로그램 제작, 정시 뉴스 편성 및 보도프로그램 강화 등이었다. 박 정권은 TV 보도뿐만 아니라 드라마에까지 개입하여 TV가 철저하게 정권 홍보의 도구로 기능할 것을 요구했다. 10월 유신 직후 방송사들에는 '국론 통일을 저해할 정치적 사건의 소재 선택을 피할 것' 등과 같은 드라마 제작 지침이 정부로부터 하달되었다.

1972년 KBS에 새마을방송본부가 생겨난 이후 새마을 방송의 더욱 광범위한 홍보를 위해 1973년 8월 14일에는 새마을방송협의회가 창립되었는데, 이 협의회의 월례회의를 통해 각종 보도 및 제작지침이 정부로부터 하달되었다." **(강준만 〈한국대중매체사〉 498쪽)**

국가권력의 방송 장악은 히틀러의 나치 정권 이래 파시즘의 '정석'처럼 굳어졌는데, 박정희는 그 사실을 너무나 잘 알고 있었던 것이다.

1973년 2월 16일에 이루어진 제4차 영화법 개정은 영화업을 등록제에서 허가제로 바꾸고 시설과 촬영기재 등에 관해 엄격한 허가기준을 정하면서 셀 수 없이 많던 영화사를 14개로 줄였다. 14개 회사는 영화제작을 독점하는 특혜를 누리면서 유신독재에 대한 비판이나 사회의 비리를 고발하는 내용을 소재로 삼는 일은 피하면서 상업적이고 퇴폐적인 영화를 만드는 경쟁을 벌였다. 원래 파시즘은 민족문화를 격하시키거나 퇴폐를 부추기는 문화예술작품을 금기로 여기는데 한국적 파시즘은 오히려 그것을 조장하면서 대중을 말초적 쾌락과 감상(感傷)의 세계로 몰아넣으려 들고 있었다. 특히 '반공영화'는 정부의 적극적인 지원을 받았다.

긴급조치 9호가 발효된 1975년에 대중음악계는 가장 큰 타격을 받았다. 그 한 해에만 225곡이 금지곡으로 묶였던 것이다. 같은 해 12월 1일부터는 이른바 '대마초 파동'이 시작되어 3일 이장희, 이종용, 윤형주 등 27명이 구속된 데 이어 6일 신중현, 김추자, 권용남, 손학래 등 '신중현 사단'의 핵심 연예인들이 쇠고랑을 찼다.

1970년대 들어 금지곡 처분 때문에 가장 상처를 받은 쪽은 '통기타 가수'들이었다. 한대수가 1971년에 발표한 '행복의 나라'는 "울고 웃고 싶소 내 마음을 만져 주 나도 행복의 나라로 갈테야"라는 마지막 소절이 대한민국을 '불행한 나라'로 비판했다는 판정을 받았기 때문인지 금지곡이 되었다. 송창식이 부른 '왜 불러'는 당시 장발 단속을 맡은 경찰을 조롱했다는 이유로 금지곡의 명단에 올랐다. 김민기가 작사·작곡하고 양희은이 부른 '아침이슬'은 "태양은 묘지 위에 붉게 타오르고"라는 노랫말에서 '태양은 북한의 김일성이고 묘지는 남한 아니냐'는 의심을 받고 금지곡이 되었다. 이장희가 노래한 '그건 너'에 대해서는 "늦은 밤까지 잠 못 이루는 이유가 무엇이냐?"고 시비를 걸었다. 사랑하는 여인을 그리워하며 잠을 못 이루는 까닭이 '너 때문이라'는 가사에 대해 "독재정권 때문이라고 불만을 토하는 것"이라면서 금지곡이라는 멍에를 씌웠던 것이다. 김추자가 부른 '거짓말이야'는 불신 풍조를 조장한다는 이유로, 배호의 '0시의 이별'은 통행금지가 시작되는 시간이 0시인데 "그때 이별해서 어디로 간다는 뜻이냐"라는 혐의 때문에 금지곡으로 묶였다.

일본군 중위로서 친일을 넘어 부일(附日)을 했다는 사실이 두고두고 콤플렉스로 남아 있었기 때문인지 박정희는 '민족적 민주주의'를 유난히 강조했다. 그가 가장 숭배한다고 공언한 역사적 인물은 이순신이었다. '천황 폐하의 적자'를 자임하던 박정희가 임진왜란 때 '왜적'을 물리침으로써 나라를 구하는 데 가장 큰 공을 세운 이순신을 추앙한 것을 심리적으로 어떻게 해석해야 할까? 그는 1706년(숙종 36년) 이순신을 기리기 위해 충남 아산에 세워진 현충사를 1967년에 '성역화'하는 작업을 직접 지시했고, 현충사를 자주 찾아 이순신에게 절을 올리곤 했다.

박정희가 이순신 다음으로 존경한다던 인물은 세종대왕이었다. 그래서인지 박정희 정권은 1970년 한글날을 국경일로 지정한 뒤 1975년에 건립한 민족문화의 전당을 세종문화회관으로 명명하는가 하면 세종대왕의 동상을 어린이회관 앞에 세우고 한글전용정책을 추진했다. 여기까지는 크게 시비를 걸 일이 아니었다.

문제는 박정희의 '한글 사랑'이 지나쳐서 파시즘적 언어정책을 강요했다는 것이다. 어느 날 그가 텔레비전을 보다가 방송에 외래어나 외국어가 너무 많이 나온다고 지적을 하자 즉각 '방송용어 정화위원회'가 발족되었다.

●●● 1974년 2월 7일 MBC는 연예인의 이름에서 외래어를 추방한다고 발표하고, 그날부터 'MBC 페스티벌'은 'MBC 대향연', '가요 스테이지'는 '가요 선물', 'MBC 그랜드 쇼'는 '토요일 토요일 밤에', 그리고 '일요 모닝 쇼'는 '이 주일의 화제'로 바꾸었다. (…) 연예인, 특히 보컬그룹의 이름도 국산화되었다. '어니언즈'는 '양파들', '블루벨즈'는 '청종', '바니걸즈'는 '토끼소녀'가 되었다.   〈한국대중매체사〉 522쪽

1974년 8월 말 방송윤리위원회가 가수의 외국어 예명을 우리말로 써야 한다고 결정하자 '패티 김'은 한동안 완강히 버티다가 '김혜자'라는 본명을 쓰기 시작했다. 김세레나는 '세레나'가 천주교 영세명이라고 항의하면서 개명을 거부했으나 방송윤리위가 '불허'하자 김세나로 이름을 줄였다.

1976년 4월 16일에 열린 국무회의에서 박정희는 "방송에 자주 나오는 외래어를 우리말로 고쳐보라"고 지시했다. 방송윤리위원회는 2년 남짓 심의를 거친 끝에 1978년 10월 1일 '우리말 운동용어' 541개를 확정해서 방송사에 사용을 '권장'했다. 야구의 번트는 '살짝대기', 볼 카운트는 '던진 셈', 세이프는 '살았음', 스퀴즈는 '짜내기', 슬라이딩은 '미끄러움'으로 바뀌었다. 축구의 헤딩슛은 '머리 쏘기', 포스트 플레

이는 '말뚝 작전'이 되었다.

박정희가 지시하고 감독한 '외래어 추방 운동'은 아무런 성과도 거두지 못한 채 흐지부지되고 말았다. 언어는 대중의 실용적 요구와 시대적 흐름을 자연스럽게 따르는 것인데, 파시즘적 발상과 우격다짐으로 신조어들을 강요했으니 좋은 효과가 나올 리 없었던 것이다. 게다가 청와대 마당에서 닛폰도(일본도)를 휘두르는가 하면 집무실에서 일본군 장교 복장을 하고 있기를 즐기던 그가 '우리 문화 사랑'에 앞장서는 운동을 주도한 것은 한국적 파시즘이 빚어낸 한 편의 희극이었다.

박근혜가 본 '아버지 박정희'

　지금까지 박정희의 실체와 그가 집권 18년 동안 한 일, 박정희 '찬양론'의 허구, '한국적 파시즘' 등을 살펴보았다. 그 내용은 나의 주관적 평가나 분석보다는 구체적 증언이나 언론에 공개된 정보를 바탕으로 한 것이었다. 그런데 그의 딸로서 '정치적 상속자'인 박근혜는 '아버지 박정희'를 어떻게 보았을까?

●●● 나는 부모님을 닮았다는 얘기를 자주 듣는다. 특히 정치를 시작한 뒤 아버지를 닮았다는 얘기를 더 많이 듣는다. 자식이 부모를 닮는 게 당연하겠지만, 정치인이 된 지금은 그 말이 남다르게 느껴진다. 인생에서 가장 위대한 가르침은 모범을 보이는 것이고, 가장 큰 지혜는 삶의 모델을 보고 배워서 얻어진다고 한다. 그래서 인생에서 가장 중요한 3가지 만남 중 하나가 스승을 잘 만나는 것인데 그런 점에서 나의 부모님은 내 삶의 모델이다. 특히 정치인이 된 지금 아버지는 그냥 아버지가 아니라 선배이자 스승이며 나침반과도 같은 존재이다.

(박근혜 '아버지의 딸로서', 고건 외 17명 지음 〈나의 삶, 나의 아버지〉 95쪽)

위의 글에서 박근혜는 '나의 부모님은 내 삶의 모델'이라고 말했다. 아버지 박정희와 어머니 육영수를 본받아 지금까지 살아왔다는 뜻이다. 박근혜는 아버지가 역사 공부를 얼마나 열심히 했는지를 이렇게 소개했다.

●●●● 아버지는 역사를 좋아하셔서 역사책을 많이 읽으셨다. 신문이나 잡지에 난 역사 관련 연재물을 직접 스크랩하거나 밑줄을 긋고 노트를 해가면서 열심히 보셨다. 주무시기 전에는 당시에 유명했던 역사 강의를 듣고 나서 잠자리에 드셨다. 나와 함께 역사 현장을 방문할 때에도 언제나 역사적인 인물들과 사건에 대해서 이야기해주셨다.

국민들이 우리 역사와 문화에 자부심을 가지는 것이 중요하다고 생각하신 아버지는 많은 유적지를 정비하고, 국난극복의 훌륭한 전통과 민족문화를 더욱 계승, 발전시키려고 노력하셨다. 반면 우리 역사에서 사대주의와 당쟁, 게으름과 개척정신의 결여 같은 부정적인 유산에 대해서는 매우 비판적이었다. 이렇게 역사와 국가적인 주제에 대해 토론을 벌이는 동안 당시 민감한 나이였던 나에게는 아버지의 말씀과 정신이 생생히 뇌리에 박혔다.

(위의 책 97~98쪽)

박근혜는 1974년 8월 15일 어머니가 세상을 떠난 뒤 공식적으로 '퍼스트레이디'의 자리를 맡았다. 그는 그 일을 하면서 아버지한테서 '외교의 중요성'을 배웠고, '아버지의 확고한 외교철학'을 알 수 있었다고 한다. 대통령 박정희는 딸에게 이렇게 말했다고 한다.

●●● 일제시대에 나라를 빼앗긴 설움은 우리 세대에게 커다란 한으로 맺혀 있다. 우리의 젊은 소년들이 징병 되는데도 무력하게 보고만 있어야 했던 그 고통은 이루 말할 수 없는 것이었다. 6 · 25 전쟁 같은 비극이 일어난 것도 국력이 약했기 때문이지. 이제 이 땅에서 전쟁의 공포를 없애고 우리 민족의 중흥을 이루기 위해서는 외교를 잘하는 것이 정말 중요하다. 그리고 무엇보다 항상 국익을 최우선으로 생각해야 한다. 나는 월남 파병 문제를 놓고 속이 타들어갈 만큼 고민을 했는데, 며칠 밤을 새워가며 내린 결론은 우리를 도와준 우방국이 힘들 때 확실히 도와주고 우리의 희생보다 더 큰 대가를 받아야 한다는 것이었다.

(박근혜 자서전 〈절망은 나를 단련시키고 희망은 나를 움직인다〉 125쪽)

박근혜는 아버지가 권좌에서 물러날 준비를 하고 있었다고 주장했다.

●●● "1970년대 중반부터 아버지는 서서히 대통령직에서 물러날 생각을 하고 계셨다. 한 번은 9대 대통령으로 취임한 지 채 1년도 안 된 때였는데, '차기 대통령으로는 누가 적합할까?' 하고 물으신 적이 있다.

나는 선뜻 대답하지 못했다. 아버지가 꿈꾸시던 조국의 근대화 작업이 어느 정도 열매를 맺어가고 있다고 생각하시는 듯했다.

아버지는 혼란 없는 정권 이양을 위해서 구체적인 준비를 하고 계셨다. 퇴임 후 남쪽으로 낙향해 독서와 글쓰기에 전념하며 평화로운 말년을 보내고 싶다는 말씀도 여러 차례 하셨다. 어느 날은 황폐해진 작은 산을 사서 거기에 꽃과 나무를 심는 재미로 살고 싶다고 하셨다. '젖소 두어 마리 있으면 좋겠지? 방학마다 손자, 손녀들이 놀러와 시끌벅적하게 지내는 것도 좋을 거야.'

이 말을 하시던 날, 나는 아버지가 어떤 결단을 내릴 거라는 예감이 들었다. 정치 일선에서 물러나 조용한 말년을 보내고 싶어 하신다는 것이 분명하게 느껴졌기 때문이다." (위의 책 130~131쪽)

박근혜가 '아버지 박정희'에 관해 쓴 글 가운데 가장 중요한 대목이라고 여겨지는 부분들을 옮기면서 내가 느낀 점을 요약해보겠다.

첫째, 박근혜가 아버지의 삶을 본보기 삼아 살아가려고 했고 지금도 그렇게 하고 있다면 인간으로서는 물론이고 정치인으로서도 공동체의 이름 없는 사람들과 함께하면서 진정으로 민주·평화·복지를 지향하는 정책을 펼쳐나갈 수 있을까?

둘째, 과연 박정희는 '우리 역사와 문화에 자부심을 가진' 지도자였던가? 일본의 '천황 폐하'에게 충성을 맹세하던 그가 추한 과거를 반성하지도 않고 새롭게 이룩하려는 민족의 역사와 문화는 무엇이었을까?

셋째, 박정희는 '일제시대에 나라를 빼앗긴 설움을 절실하게 느끼면서 젊은 소년들이 징병 되는데도 무력하게 보고만 있어야 했던 고통' 때문에 '한 번 죽음으로써 충성' 하겠다는 혈서까지 쓰면서 일제의 꼭두각시인 만주국의 사관학교에 들어간 것일까?

마지막으로, 박정희가 1970년대 중반부터 '서서히 대통령직에서 물러날 생각'을 하고 있었다고 박근혜에게 말한 것이 사실이라고 치자. 그러나 현실은 그와 정반대였다. 그는 1974년부터 긴급조치를 남발하면서 민주화운동을 탄압하고 '인혁당·민청학련 사건' 관련자들 가운데 8명을 죽음으로 몰고 가는가 하면 날이 갈수록 독재체제를 강화했다. 그리고 1979년 10월 '부마항쟁'이 일어난 뒤 현장 민심을 살피고 온 중앙정보부장 김재규가 "근본적 수습책을 내놓지 않으면 항쟁이 전국 5대 도시로 확산될 것"이라고 보고하자 이렇게 말했다.

●●● "앞으로 부산 같은 사태가 생기면 이제는 내가 직접 발포명령을 내리겠다. 자유당 때는 최인규나 곽영주가 발포 명령을 하여 사형을 당했지만 내가 직접 발포 명령을 하면 대통령인 나를 누가 사형시키겠느냐."

(1980년 1월 28일 김재규가 재판부에 낸 '항소보충이유서')

비명횡사하기 며칠 전까지 그렇게 포악한 행태를 보이던 박정희가 '황폐해진 작은 산을 사서 거기에 꽃과 나무를 심고 '젖소 두어마리'를 기르면서 사는 소박하고 낭만적인 꿈을 실현하겠다는 의지를 품고 있었으리라고 누가 믿겠는가?

김재규 '혁명'인가 '반역'인가

　1979년 10월 26일 밤, 궁정동 '안가'에서 대통령 박정희의 목숨을 빼앗은 중앙정보부장 김재규에 대한 역사적 평가는 극과 극을 달렸다. 박정희를 지지하던 세력과 보수언론은 그것을 '반역적인 시해(弑害) 사건'이라고 단정했다. 그러나 김재규 자신은 '혁명'을 위해 박정희를 쏘았다고 진술했고, 그의 변호인들, 그리고 학계와 종교계의 여러 사람은 그가 단순한 '국가원수 살해범'이 아니라 민중의 거대한 항쟁에 몰려 유신체제가 무너질 위기에 처하자 박정희 정권의 유혈 진압을 막기 위해 어쩔 수 없이 '거사'를 한 것이라고 해석했다.

　먼저, 김재규가 군사법정에서 한 진술 가운데 중요한 부분들을 보기로 하자. (1,2심의 녹음테이프는 1993년에 동아일보 기자 김재홍이 단독 입수한 것으로, 총 60여 시간, 200자 원고지로 4,000여장에 이른다.)

●●● 전에는 유신체제를 가로막고 있는 핵심이 각하요, 그것을 지탱하고 있는 전체가 각하입니다. 보십시오. 각하가 돌아가시고 나니까 바로 대통

포승된 채 한 손에 수갑을 차고 현장검증에서 처음으로 모습을 드러낸 김재규

령 권한대행께서 자유민주주의 하겠다고 국민에게 공표하지 않았습니까? 그러니까 결국 혁명이 없었으면 그런 말씀을 할 수 있었겠느냐, 따라서 그분도 혁명을 인정은 하면서도 시인을 안 한다 이것뿐이죠. 그분도 평소 국민의 생각을 알기 때문에 제일 먼저 내놓은 것이 자유민주주의 하겠다는 것 아닙니까. 헌법을 고치겠다는 것 아닙니까. (…) 유신체제가 계속되는 한 공방전이 벌어지고 막대한 희생자가 난다, 이건 불을 보듯 뻔합니다. (…) 그렇기 때문에 결국은 저는 개인적으로 가까운 사이이고, 동향이고, 동기생이고, 이런 관계이지만 그 순간에는 내가 마음을 야수의 마음으로 바꿔서 행동했습니다.

(김재홍 〈누가 박정희를 용서했는가〉 137~138쪽)

●●● 10월 26일 혁명에 대해서는 주체가 따로 없습니다. 이것은 기존 조직을 최대한 이용한다, 그래서 도지사 이상 각부 장관급, 이것을 혁명회의 의원으로 만들고, 육군총장 이하 군관구사령관, 군단장 이상을 혁명위원으로 임명해가지고, 그렇게 해서 혁명기간은 3개월 내지 5개월로 생각했습니다. 혁명위원회를 설치 운영하고 또 혁명위원회는 혁명재판소와 혁명검찰을 운영한다. 그렇게 해서 5·16 직후부터 지금까지 누적한 여러 가지를 설거지해야 되겠다…….

(위의 책 151쪽)

김재규는 2심 최후진술에서 이렇게 말했다. "대통령 한 분을 희생시켰다는 것은 매우 가슴 아픈 일이고, 역사적으로 엄청난 일이 되기는 했습니다만, 민주주의 국가에서는 모든 국민 한 사람 한 사람의 생명이 다

아깝습니다. 다 똑같습니다. 그렇기 때문에 많은 불행을 막기 위해서는 이 방법밖에 없었다는 걸 말씀드립니다."

김재규는 부마항쟁의 배경으로 국민적 반감, 정부 정책 불신, 물가 폭등을 꼽았다. 1970년대 들어 물가는 해마다 거의 두자릿수 이상 뛰었다. 특히 1979년에는 물가 폭등에 제2차 '오일 쇼크'가 겹쳐 경제가 심각한 위기에 부닥쳤다. 그해 7월 10일 기준으로 석유제품 가격은 59%, 전력요금은 35%나 올랐다.

●●● 중화학공업 등의 불황으로 1979년 말 외채가 200억 달러를 넘었다. 외채망국론이 제기됐다. 박정희 정권의 상징이었던 경제성장도 가속도를 잃었다. 1977년까지는 그나마 두자릿수 성장률을 유지했지만, 1978년 9.3%를 기록한 뒤 1979년에는 6.8%로 떨어졌다. 10·26 바로 다음 해에는 마이너스 1.5%였다. 한국전쟁 이후 최악의 사태였다.

심각한 경제난과 유신정권에 대한 불신은 1978년 12월 제19대 총선에서 여당의 참패로 나타났다. 개표 결과 여당인 공화당의 득표율은 31.7%였다. 신민당(32.8%)에 비해 1.1% 뒤진 결과였다.

(김연철·함규진·최용범·최성진 지음 〈만약에 한국사〉 219~220쪽)

이렇게 박정희 정권 말기는 정치·경제·사회적으로 최악의 상태로 치닫고 있었다. 박정희가 종신집권을 위해 강행한 헌정쿠데타인 10월유신이 정치 발전이나 고도성장, 사회 안정, 특히 남북통일과는 전혀 무관한 것이었음이 입증된 셈이었다.

박정희 정권의 종말을 재촉한 부마항쟁 이전에 벌어진 두 사건은 역사적으로 아주 중요하다. 1979년 8월 11일에 터진 YH사건, 그리고 잇달아 벌어진 신민당 총재 김영삼에 대한 의원직 제명 결의가 바로 그것이다.

가발제조업체인 YH무역의 부당한 폐업조치에 반발한 172명의 여성 노동자들이 서울 마포 신민당사에서 밤샘농성을 벌이자 전격 투입된 경찰에 쫓기던 김경숙이 4층에서 떨어져 숨지는 사건이 일어났다. 1천여 명의 경찰이 여성노동자들을 마구잡이로 끌어내는가 하면 기자들과 신민당 국회의원들을 폭행하는 장면이 텔레비전 뉴스로 전해졌다.

1979년 5월 전당대회에서 '자택 연금중'이던 김대중의 은밀한 지원을 받아 이철승을 물리치고 신민당 총재가 된 김영삼은 YH사건을 계기로 박정희 정권에 대해 강력한 비판을 퍼붓기 시작했다. 김영삼이 9월 16일자 뉴욕타임스 인터뷰에서 "미국의 카터 행정부는 박정희 정권에 대한 지지를 철회하라"고 요구했다는 사실을 빌미 삼아 박정희는 공화당 의원들만이 출석한 국회에서 김영삼의 의원직을 박탈하도록 했다. 그것이 김영삼의 정치적 아성인 부산에서 '반유신 항쟁'이 터지게 하는 한 원인이 되었다.

김재규가 부산의 민중 집회와 시위 현장을 직접 보고 나서 박정희를 '제거'하기로 결심했다는 사실은 법정에서 밝혀진 대로이다.

●●● 김재규가 일으킨 10·26 정변의 공과를 판단하는 데는 아직 논쟁적인 부분이 남아 있으나 다음 두 가지 사실만은 분명해 보인다. 첫째, 김재규의 10·26 정변이 박정희의 절명과 함께 사실상 유신정권을 붕괴시켰으며, 체제의 종말을 조금이나마 앞당겼다는 점이다. 김재규의 진의나 그가 가진 평소의 생각, 그리고 유신정권 말기를 지탱한 정보기관 수장으로서의 행적을 어떻게 평가하든 간에 이는 하나의 역사적 사실이 된 것이다. 그 철옹성 같던 긴급조치 9호가 해제되고, 짧았으나 '서울의 봄'을 가져오게 된 것도 엄연히 10·26 정변의 결과라는 점만은 분명한 사실이다. 둘째, 10·26 정변에 의한 박정희의 절명과 유신체제의 붕괴가 부마항쟁 과정의 연행자를 포함한 당시 시민과 운동 진영의 과도한 희생을 질적·양적으로 줄여주었다는 점이다. 모든 공안사건은 어떻게든 부풀리어 민중을 겁박할 제물로 삼던 당시 정권의 습성으로 보나, 김재규가 그의 '항소이유보충서'에서 밝혔듯 10·26 정변 당시 만찬장에서 박정희와 차지철이 주고받은 그 끔찍한 대화로 보나, 또한 항쟁 과정에서 연행된 구속자들을 북한 및 '남민전' 등과 실제로 연계하려 했던 당시 고문수사의 각본으로 미루어 보나, 10·26 정변이 발생하지 않은 가운데 부산과 마산 지역의 시위가 계속되었다면 피해는 훨씬 더 대규모로 확산될 상황이었다. 김재규의 거사는 그러한 흐름을 일단 끊어준 것이다.

《한국민주화운동사 2》 351~352쪽

김재규가 박정희를 살해한 방법은 일종의 '테러'였다. 그러나 그것이 갈수록 그악스러워지던 유신정권에 결정적 타격을 가하고 1980년 '서

울의 봄', 그리고 5월 광주항쟁으로 이어지는 민주화 열기의 한 불씨가
되었음은 명백하다. 말년의 김재규를 '혁명가'라고 정의하지는 않는다
하더라도 그런 사실만은 인정해야 할 것이다.

02

박근혜가 걸어온 길

22세의 퍼스트레이디

국기에 대한 경례를 하고 있는 지미 카터 미 대통령과 박정희, 박근혜

　박근혜는 1952년 2월 2일 경북 대구시 삼덕동에서 육군정보학교 교장이던 대령 박정희와 육영수의 딸로 태어났다. 아버지 박정희는 이혼한 부인과 사이에 딸이 있었으므로 박근혜가 실제로는 차녀인 셈이었다. 한국전쟁이 한창이던 그 무렵, 박정희는 '여수·순천 반란사건'의

회오리바람에서 벗어나 순탄하게 군 생활을 하고 있었다. 박근혜는 휴전협정이 체결된 뒤 부모를 따라 서울로 이사해서 장충초등학교에 다녔다. 그 뒤 천주교 계열 학교인 성심 여중·고를 나와 1974년 서강대학교 전자공학과를 졸업한 뒤 프랑스로 유학을 떠났다.

1974년은 대통령 박정희가 긴급조치 1호를 발동하면서 재야 민주세력과 팽팽하게 맞서던 때라서 박근혜도 긴장한 상태였으리라고 추측할 수 있을 것이다.

박근혜가 유학을 간 곳은 알프스 산맥 언저리에 있는 그르노블이라는 도시였다. 그는 본격적인 학문 공부에 들어가기 전에 어학 과정에서 프랑스어를 비롯한 외국어를 공부하고 있었다. 그러나 박근혜는 프랑스로 간 지 6개월도 지나지 않아 '인생의 가장 힘들고 거센 폭풍'을 만나야 했다.

●●● 친구들과 여행 중이던 어느 날, 하숙집에서 나를 찾는 전화가 왔다. 어머니께 무슨 일이 생겼다며 빨리 하숙집으로 돌아오라고 했다. 혼자 기차를 타고 돌아오는 내내 어머니가 걱정되었다. 하숙집에 도착하니 대사관에서 나온 분들이 와 계셨다. 모두 침착한 얼굴을 하고 있었지만, 나는 그들의 얼굴에서 왠지 좋지 않은 예감을 받았다. (……)

짐도 챙기지 못한 채 서둘러 공항에 도착했다. 탑승수속을 하기 위해 바삐 걸어가다가 궁금한 마음에 신문 스탠드로 갔다. 한 신문에 실린 아버지 어머니 사진 위에 '암살'이라는 글자가 눈에 확 들어왔다. 나는 급히 신문을 펼쳐보았다. 1면에 어머니 사진이 크게 실려 있었다. 온몸에 수만 볼트의 전기가 흐르는 것처럼 쇼크를 받았다. 날카로운 칼이 심장 깊숙이 꽂힌 듯한 통증이 몰려왔다. 눈앞이 캄캄해서 아무것도 보이지 않았다. 비 오듯 눈물만 쏟아졌다. 비행기를 타고 한국으로 돌아오는 내내 그렇게 쉬지 않고 울었다. 믿을 수 없는 일이었다.

(박근혜 자서전 〈절망은 나를 단련시키고 희망은 나를 움직인다〉 83~84쪽)

박근혜는 "어머니의 유품을 정리하며 심장이 잘려나가는 듯한 고통에 몸서리쳤다"고 한다. 그는 겨우 22세의 나이로 '퍼스트레이디'가 되었다. 장례식을 치른 지 엿새 뒤 가슴에 상장을 단 채 '영부인 배 쟁탈 어머니 배구대회'에 참석함으로써 공식행사에서 처음으로 대중 앞에 나섰다. 박근혜는 그 이후 걸스카우트 명예총재를 맡은 데 이어 '새마음 운동'을 펼치면서 적극적으로 사회활동을 했다.

●●●● 나는 전국 각지의 학교를 돌며 새마을운동, 새마을운동에 적극 동참해줄 것을 호소했다. 그때마다 청소년들이 내게 보내는 반응은 열렬했다. 지방 어디를 가나 환한 미소와 박수로 나를 맞아주었다. 아마도 '어린 퍼스트레이디'라는 점에서 내가 호기심의 대상이 되었던 것 같다.

나는 부지런히 뛰어다녔다. 고아원, 육군병원, 모자원, 양로원 등을 다니면서 어떻게 운영되고 있는지 직접 눈으로 살피고, 재해가 발생하면 아무리면 길이라도 서둘러 달려갔다. 아버지가 굵직한 정책 결정으로 심각한 고민을 안고 있을 때, 나는 아버지의 눈길이 미치지 못하는 곳에 정부의 손길이 닿도록 힘썼다. **(위의 책 111쪽)**

박근혜가 자서전에 쓴 이야기를 보면, 어머니 육영수의 갑작스러운 죽음 때문에 받은 충격과 정신적 상처를 딛고 일어나서 22세의 앳된 나이로 퍼스트레이디의 직무를 열심히 수행했다는 사실을 알 수 있다. 그런데 그의 자서전에는 자신과 아버지 박정희의 긍정적인 면모가 주로 부각되어 있을 뿐, 부녀가 공식적 업무나 사생활에서 드러낸 어두운 면들에 관한 언급은 거의 없다.

1974년 박근혜가 퍼스트레이디가 된 이후의 행적을 집중적으로 '추궁'한 세력은 얄궂게도 그가 속한 한나라당 사람들이었다. 2007년 제17대 대통령선거를 앞두고 그 당 안에서 벌어진 경선에서 이명박 진영의 핵심인물들이나 그에게 호의적인 언론매체들이 박근혜를 둘러싼 의혹을 집요하게 파고들었던 것이다. 2007년 7월 19일 서울 효창동의 백범기념관에서 열린 '대선 예비후보 검증청문회'에서 가장 눈길을 끈 질문과 답변은 목사 최태민에 관한 것이었다. 아래는 패널이 질문하고 박근혜가 대답한 내용 가운데 주요한 대목들이다.

• 최태민 목사를 어떻게 만났나?
– 어머니가 돌아가신 다음 해로 기억한다. 그때 내가 퍼스트레이디 역할

을 하면서 어머니의 빈자리를 메우기 위해 바쁘게 보낼 때인데 위로, 격려 편지와 전화를 주신 분 중 마음에 와 닿아 만난 분 중 하나이다.

• 최 목사는 이름이 7개, 결혼도 6번 했다고 한다. 최 목사의 경력을 당시에 알았는가?

– 목사로 알았고, 당시에 그런 내용은 몰랐다. 과거에 어떻게 살았는지 그 사람의 일생까지 검토해서 만나지 않는다.

• 최 목사는 박 후보의 이름을 팔아 비리를 저지르고 청와대를 무상출입해 당시 중앙정보부가 조사를 했었다.

– 최 목사는 경호실, 비서실이 있고 출입증을 받아야 하기 때문에 청와대 무상출입이 가능하지 않다.

• 정보부 조사에 의하면 최 목사는 공사 수주, 장군 승진, 국회의원 공천 명목으로 돈을 받는 등 비리 건수가 40여건이 됐다고 한다.

– 아버지가 저와 중정부장, 최 목사, 관계되는 사람들을 불러 직접 조사한 적이 있다. 하지만, 아버지가 어떻게 횡령하고 사기를 쳤는지 답하라고 했는데 확실한 답이 없었고, (비리) 내용이 막연했다. 실체가 없는 얘기로 끝나서 아버지가 대검에서 조사해보라고 지시했다. 아버지는 친척도 엄격하게 관리했다. 만약 이런 일이 있었다면 아버지는 용서가 없었을 것이다. 근데 별다른 일이 없었던 것으로 알고 있다.

간추려서 말하면, 박근혜는 최태민이 저질렀다고 정보기관이 파악한 비리와 부정을 전혀 몰랐으며, 아버지 박정희가 직접 최태민을 '심문' 했지만 그런 사실이 없거나 막연한 추측임을 확인했다고 주장했다. 과연 그런가?

최태민 스캔들

　박근혜와 최태민의 관계를 둘러싸고 2007년 한나라당 대선후보 경선 과정에서 벌어진 논란은 승자도 패자도 없이 흐지부지되고 말았다. 2012년 6월 말 현재 한나라당 후신인 새누리당에서 가장 유력한 대선 주자는 박근혜다. 모든 여론조사에서 그에 대한 지지율은 새누리당 안 경쟁자들의 지지율을 모두 합한 것보다도 훨씬 높다. 이런 상황이 지속 된다면 예상 밖의 사건들이 벌어지지 않는 한, 12월 19일 제18대 대통령 선거에 박근혜가 새누리당 후보로 나서리라는 것은 확실하다.

　민주통합당과 통합진보당을 비롯한 야권의 정치세력은 물론이고 새 누리당 안에서 대선 후보 경쟁을 끝까지 계속할 정치인들이 박근혜의 실체 파헤치기를 끈질기게 시도할 가능성은 아주 높다. 그렇게 된다면 이번에도 '최태민 스캔들'이 도마에 오르게 될 수밖에 없을 것이다. 그 스캔들의 뿌리는 무엇이며 지금까지 드러난 증언과 자료는 무엇인지를 자세히 보기로 하자.

박근혜와 최태민의 관계를 가장 먼저 구체적으로 '증언' 한 사람은 박정희를 살해한 중앙정보부장 김재규였다. 그는 '내란목적 살인 및 내란수괴미수죄'로 재판을 받던 때 '항소이유서'와 '항소이유보충서'를 군법회의에 제출했는데, 거기에 두 사람 사이에서 벌어진 구체적 사실들이 자세히 적혀 있었다. 2007년 6월 1일자 동아닷컴에 실린 기사(신동아 기자 허만섭이 쓴 '박근혜 X파일 & 히든카드')는 김재규의 항소이유서(변호인이 작성)에 나오는 최태민 관련 부분을 아래와 같이 전했다.

●●● 피고인(김재규)은 1975년 5월 구국여성봉사단 총재로 있는 최태민이라는 자가 사이비 목사이며 자칭 태자마마라고 하고 사기횡령 등의 비위사실이 있는데다 여자들과의 추문도 있는 것을 알게 되었는데, 이런 일을 아무도 문제 삼는 사람이 없어서 대통령에게 보고하였더니 박 대통령은 '정보부에서 그런 것까지 하냐?' 하면서 반문하길래 피고인으로서는 처음에 대통령의 태도를 보고 놀랐으며, 대통령은 큰딸인 박근혜에게 그 사실을 알렸으나 근혜가 그렇지 않다고 부인하여 대통령이 직접 조사하겠다고 하였는데, 그 조사 후에 최태민이라는 자를 총재직에서 물러나게는 했으나 그후 알고 보니 근혜가 총재가 되고 그 배후에서 여전히 최태민이 여성봉사단을 조종하면서 이권개입을 하는 등 부당한 짓을 하는데도, 박 대통령은 김 피고인의 '큰 영애도 구국여성봉사단에서 손 떼는 게 좋습니다. 회계장부도 똑똑히 하게 해야 합니다'란 건의를 받아들이지 않은 일도 있어서, 대통령 주위의 비위에 대하여 아무도 문제 삼지 못하고 또 대통령 자신 그에 대한 판단을 그르치고 있었다는 것입니다."

변호인은 항소이유보충서에서 최태민에 관한 김재규의 진술을 이렇게 요약했다.

●●● 구국여성봉사단이라는 단체는 총재에 최태민, 명예총재에 박근혜 양이었는 바, 이 단체가 얼마나 많은 부정을 저질러왔고 따라서 국민, 특히 여성단체들의 원성의 대상이 되어왔는지는 잘 알려져 있지 아니합니다. 그럼에도 불구하고 큰 영애가 관여하고 있다는 한 가지 이유 때문에 아무도 문제 삼는 사람이 없었고 심지어 민정수석 박정규 비서관조차 말도 못 꺼내고 중정부장인 본인에게 호소할 정도였습니다.?
본인은 백광현 당시 안정국장을 시켜 상세한 조사를 하게 한 뒤 그 결과를 대통령에게 보고하였던 것이나 박 대통령은 근혜 양의 말과 다른 이 보고를 믿지 않고 직접 친국(親鞫)까지 시행하였고, 그 결과 최태민의 부정행위를 정확하게 파악하였으면서도 근혜 양을 그 단체에서 손 떼게 하기는커녕 오히려 근혜 양을 총재로 하고, 최태민을 명예총재로 올려놓아 결과적으로 개악을 시킨 일이 있습니다."

김재규의 증언에는 최태민의 인적사항이나 구체적 부정행위가 들어있지 않았다. 그런데 신동아가 2007년 늦은 봄에 입수한 중앙정보부의 수사보고서('최태민 관련 자료')에는 최태민의 출생, 성장배경, 경력, 박근혜를 만나게 된 과정, 구국여성봉사단 창설 이후의 부정행위 의혹, 여성 추문 등이 A4용지 16장 분량으로 들어 있었다. 그 수사보고서의 내용을 간략히 소개하면 아래와 같다.

최태민은 1912년 5월 5일생(1979년 당시 67세)으로 이름을 7개(최상훈, 최퇴운, 공해남, 최태민 등)나 사용했다. 황해도 봉산군 사리원에서 태어난 그는 일제강점기인 1942년부터 1945년 8월까지 '황해도경 순사'로 재직했다. 광복 직후인 1945년 9월 월남해서 최상훈이라는 이름으로 강원도경 소속 경찰관이 된 그는 1947년 4월 인천경찰서 경위(사찰주임)가 됐다가 1950년에는 육군과 해병대에서 비공식 문관으로 일했다. 1954년 초에는 부인과의 불화 때문에 경남 동래군의 금화사라는 절로 도피해서 최퇴운이라는 이름의 승려가 됐다. 1963년 5월에는 불교계 인맥을 통해 집권당인 공화당 중앙위원으로 뽑혔다. 1965년 1월 천일창고(주)를 운영하던 최태민은 같은 해 2월 15일 '유가증권 위조' 혐의로 서울지검에 입건돼 4년쯤 도피생활을 했다. 1969년에 천주교, 불교, 기독교를 결합한 종교활동을 시작한 그는 1974년 5월 '태자마마'라고 자칭했다.

최태민이 박근혜를 처음으로 만난 때는 1975년 3월 6일이라고 한다. 불교, 기독교, 천주교를 복합하여 창업한 영세계의 교리인 '영혼합일법'을 주장하던 최태민은 1975년 2월 말경 박근혜에게 세 번에 걸쳐 편지를 보냈다고 한다. "육영수 여사가 꿈에 나타나서 근혜를 도와주라"고 했다는 내용이었다. 박근혜를 처음 만나게 된 그는 당시 종교계의 난맥상을 개탄하면서 '구국선교'를 역설했다. 최태민은 4월 29일 박근혜의 후원을 받아 자신의 심복 중심으로 '대한구국선교회(1976년 12월 10일 '구국봉사단'으로, 1979년 5월 1일 '새마음봉사단'으로 개칭)'를 설립하고 총재로 취임했다. 박근혜는 명예총재가 되었다.

중앙정보부의 수사보고서에 따르면 최태민은 기업인들을 구국봉사단 운영위원으로 위촉해 1인당 2,000만~5,000만원의 입단 찬조비나 월 200만원의 운영비를 받았다고 한다. 그 단체는 행정기관의 지원을 받아 전국적으로 동 단위까지 조직을 확대해서 3백만여명의 단원을 확보했다.

중앙정보부의 수사보고서는 최태민이 구국봉사단을 통해 저지른 부정행위를 상세히 제기했다. 횡령이 14건에 2억 2천만여원, 변호사법 위반이 11건(9천 4백만여 원과 토지 14만 1천여평), 권력형 비리가 13건, 이권개입이 2건 등 모두 44건이었다.

1990년 8월 14일, 박근혜의 여동생 근령과 남동생 지만은 당시 대통령 노태우에게 긴 편지를 써서 보냈다. 그 편지에는 최태민이 구국봉사단을 악용해서 비리를 저지른 내용이 자세히 적혀 있었다. 두 사람은 "저희 언니와 저희를 최 씨의 손아귀에서 건져주십시오."라고 호소했다. (오마이뉴스 2007년 8월 6일자). 박근령은 편지에 이런 요지의 글을 썼다. 언니 박근혜는 최 목사에게 철저하게 속고 있으니 빨리 구출해 달라. 그는 순수한 우리 언니에게 교묘히 접근해 언니를 격리시키고 고립시킨다. 이번 기회에 언니가 구출되지 못하면 언니와 저희는 영원히 최 씨의 손에서 벗어나지 못하고 그의 장난에 희생되고 말 것이다.

●●● "최 씨를 다스리기 위해서는 언니인 박근혜의 청원(최태민씨를 옹호하는 부탁 말씀)을 단호히 거절해주시는 방법 외에는 뾰족한 묘안이 없을 것입니다. 그렇게 해주셔야만 최씨도 다스릴 수 있다고 사료되며 우리 언니도 최씨에 대한 잘못된 인식과 환상에서 깨어날 수 있을 것이옵니다."

박근령은 "각하 내외분께서 언니인 박근혜를 만나 주신다면, 이 점을 최 씨가 교묘히 이용해 우리 언니를 자기의 손아귀에 넣고 그 막강한 힘을 오히려 저희 유족 탄압에 역이용할 것'이라면서 '언니의 말 한마디면 최 씨는 어떤 위기도 모면할 수 있고 또 어떤 상황에 처해서도 구출될 수 있다는 자신감을 가졌다."라고 적었다.

박근령이 그 편지에서 제시한 최태민의 비위와 전횡은 중앙정보부 수사보고서보다 훨씬 구체적이었다. 그는 금전 편취, 유가족에 대한 인격모독, 부모님에 대한 명예훼손 등 모두 18개 항목으로 최태민의 '부정한 행태'를 고발했다. 최태민은 유족이 핵심이 된 육영사업, 장학재단, 문화재단 등 추모사업체에 깊이 관여하면서 회계장부를 교묘하게 조작해서 많은 재산을 착취했다는 것이다.

박근령과 박지만이 공동명의로 노태우에게 보낸 그 편지를 입수해서 단독으로 보도한 오마이뉴스가 확인한 결과, 최태민의 막내딸 순실과 여섯번째 딸은 강남에 수백억원대의 빌딩을 각각 소유하고 있는 것으로 드러났다고 한다. 최순실의 남편은 국회의원 박근혜의 입법보조원을 지내기도 했다.

박지만은 1990년 12월 우먼센스와의 인터뷰에서 "큰누나(박근혜)와 최씨의 관계를 그냥 남겨두는 것은 큰누나를 욕먹게 하고 부모님께도 누를 끼치게 되는 것 같아 떼어놓으려는 것"이라고 말했다.

박근령과 박지만이 노태우에게 편지를 보내던 무렵, 박근령은 육영재단 고문을 맡고 있던 최태민이 이사장 박근혜를 배후에서 조종한다고 주장하면서 언니와 불편한 관계가 되어버렸다. 박근혜는 1990년 11월 '건강이 악화 돼 심신이 피곤하다.'라면서 이사장직을 박근령에게 넘겼다.

2007년 7월 19일에 열린 한나라당 '대선 예비후보 검증청문회'에서 박근혜는 최태민에 관한 패널의 질문에 예민한 반응을 보이면서 '부정한 관계'를 부인했다. 문답 내용 가운데 중요한 대목은 아래와 같다.

• 최 목사 관련 의혹을 제기하면 박 후보는 '천벌을 받을 짓'이라는 등 민감한 반응을 보인다.
– 최 목사와 나를 연결해 주변 사람이 나쁘니 내가 무엇을 잘못했다는 식으로 공격해왔다. 나중에는 '애가 있다.'라는 등 차마 입에도 담지 못할 얘기까지 나왔다. 아무리 네거티브를 해도 이런 식으로 하는 것

은 정말 천벌 받을 일 아닌가. 애가 있다면 애를 데리고 와도 좋다. DNA 검사도 해주겠다. 멀쩡한 애를 데리고 와서 맞느니 아니니 하면 그 아이나 어머니는 어떻게 되나. 천륜을 끊는 일인데….

• 박 후보가 육영재단 이사장을 퇴임한 이유와 관련해서 최 목사와 딸 최순실이 박 후보와의 친분을 과시하고 전횡을 일삼아 직원들이 반발한 게 원인이라는 말도 있다.
– 어머니 기념사업을 육영재단에서 같이 했고, 당시 최 목사가 기념사업 일을 도왔다. 오해가 있어서 '최태민 물러가라.' 라는 식으로 데모가 있었지만, 최 목사나 딸이 결코 육영재단 일에 관여한 적이 없다.

• 최 목사 문제로 이사장을 그만두고 동생 근령 씨가 이사장에 취임하지 않았나.
– 소요가 있었던 것은 사실이지만 동생에게 물려준 것은 그 때문이 아니다.

• 최 목사가 육영재단 고문의 직함을 갖고 이사장인 박 후보에게 결재를 받기 전에 먼저 결재를 받을 정도로 재단 운영에 깊이 관여했다는데.
– 전혀 사실이 아니다. 내가 무능하다거나 일을 잘 못한다고 폄하하기 위해 만든 것이다. 최 목사가 고문직을 직접 한 것이 없고, 최 목사가 연로해 고문으로 예우해서 부른 것뿐이다.

- 최 목사의 자녀들이 강남에 수백억원대 부동산을 가지고 있다는데 육영재단과 관련해 취득한 재산이 아닌가.
- 천부당만부당하다. 말이 안된다. 육영재단은 개인사업체가 아니라 공익재단이다. 매년 감사를 받고 감독청의 감사도 받는다. 단 한 푼도 마음대로 쓸 수 없다.

최태민과의 관계에 관한 이런 주장들은 김재규가 변호인을 통해 제출한 항소이유서와 항소이유보충서, 중앙정보부 수사보고서의 내용과는 많이 다르다. 김재규가 부장으로 있던 중앙정보부의 수사관들이 당시 대통령 딸로서 퍼스트레이디이던 박근혜를 음해하는 허위사실들을 보고서에 기록했다고 믿어야 할까? 그렇게 판단하기에는 방대한 분량의 보고서 내용이 너무나 구체적이다. 또 여동생인 박근령이 노태우에게 보낸 편지에 상세하게 기록한 최태민의 '전횡'과 비리는 어떻게 해석해야 하나?

2012년 12월 19일에 치러질 대통령선거 경선에 박근혜가 나선다면 당내의 경쟁자들과 야권의 후보들이 '최태민 스캔들'을 어떻게 '재활용'할지 궁금하다.

'아버지의 피를 닦고 나서'

박정희 시해사건이 일어난 식당내부 모습

1979년 10월 26일 밤, 대통령 박정희가 김재규의 총탄에 맞아 죽음을 당하자 많은 국민들이 오열하는 가운데 '국장'이 치러졌다. 9일장을 마치고 난 뒤 박근혜는 청와대에서 조문객을 계속 맞이했다.

●●● 나는 아버지의 피묻은 넥타이와 와이셔츠를 빨면서 터져 나오는 오열을 참을 수 없었다. 비서실장이 전해준 아버지의 옷은 온통 시뻘건 피로 물들어 있었다. 수술한다고 여기저기 찢어놓아 처참하기가 이루 말할 수 없는 옷을 보고 있자니 굵은 눈물방울이 툭툭 떨어졌다. 몇 년 전 어머니의 피묻은 한복을 빨던 기억이 스쳐 힘없이 바닥에 주저앉았다.

한 분도 아니고 부모님 모두 총탄에 피를 흘리며 돌아가신 가혹한 이 현실이 원망스러웠다. 핏물이 가시지 않는 아버지의 옷을 빨며 남들이 평생 울 만큼의 눈물을 흘렸다. 죽을 만큼 힘든 고통의 시간이 지나고 있었다.

(박근혜 자서전 141~142쪽)

아버지와 어머니 모두가 처참한 죽음을 당한 것을 목격한 뒤 박근혜와 동생들이 큰 충격을 받고 평생 씻지 못할 정신적 상처를 입었으리라는 것은 누구나 짐작할 수 있는 일이다. 종신집권이 당연한 일로 여겨지던 아버지가 졸지에 세상을 떠나자 박근혜는 동생 근령, 지만과 함께 청와대를 나와 서울 신당동 옛집으로 이사했다. 박근혜는 "적막한 신당동 집을 보고 있자니 첩첩산중에 버려진 심정이 이렇게 막막하고 외로울까 싶었다"고 한다.

박근혜는 "청와대를 나온 이후 정권 차원에서 아버지에 대한 매도가 계속되었다"고 주장했다.

●●● 세상 인심이 하루아침에 바뀔 수도 있는 것이었다. 18년간 한 나라를 이끌어온 대통령으로서 사후에 정치적 평가를 받는 것은 당연하지만, 그것

이 새로운 권력에 줄을 서고자 하는 사람들에 의해 거짓과 추측, 비난 일색으로 매도되고 왜곡된다면 억울한 일이 아닐 수 없다. 아버지가 이루셨던 일을 폄하하고 무참히 깎아내리는 것도 모자라 무덤 속에 계신 아버지에 대한 인신공격은 그 도를 넘어서고 있었다. **(위의 책 142쪽)**

그런데 박근혜는 청와대를 나온 이후 어떤 정권 차원에서 그런 '매도와 인신공격'이 벌어졌는지를 명확히 밝히지 않았다. 설마 박정희 피살 직후 국무총리로서 대통령 권한대행을 맡았던 최규하 행정부 시기에 그런 일이 일어났다고 기억하고 있는 것일까? 아니면 1979년 12월 12일 노태우와 함께 '군사반란'을 일으켜 박정희의 후계자로 나설 준비작업을 하고 있던 '신군부'의 우두머리 전두환이 1980년 '서울의 봄'과 광주 5월 항쟁을 무력으로 억누르던 시기를 가리키는 것인가? 그 무렵 새로운 권력에 줄을 서고자 하는 사람들이 전두환 일파에 잘 보이려고 박정희를 매도하는 일은 거의 없었다. 그리고 전두환 자신도 박정희를 '영웅'이나 스승으로 떠받들면서 실질적으로 '유신독재정권'을 물려받으려고 온갖 공작을 일삼고 있었다.

실제로 전두환은 박근혜에게 지원을 아끼지 않았다고 한다. 2007년 6월 1일자 동아닷컴에 실린 신동아 기자 허만섭의 글 '박근혜 X파일 & 히든카드'에는 이런 내용이 나온다.

●●● "박정희 사망 당시 청와대 집무실엔 4칸으로 된 책장이 있었다. 전두환 측이 영화의 한 장면처럼 손으로 2칸을 밀자 빈 내부가 나타났다. 박정희

와 독대할 때 박정희가 책장에서 돈 봉투를 꺼내 자신에게 준 것을 기억한 한 언론인이 전두환에게 그렇게 해보라고 일러준 것이다. 책장 안 비밀 금고엔 9억 원의 자금이 있었다. 전두환은 이 돈을 유자녀 생계비로 박근혜에게 줬고 박근혜는 이 중 3억 원을 김재규 사건 수사 격려금으로 전두환에게 돌려줬다."

　전두환이 당시로서는 거액인 9억 원을 박근혜에게 선뜻 건넸다는 사실은 그가 '의리의 사나이'이기 때문이었을까, 아니면 박정희의 유족을 '따뜻하게' 보살핌으로써 정치적으로 보상을 받겠다는 의도 때문이었을까? 그런 전두환이 실권자로 발돋움하던 시기에 정권에 잘 보이려고 박정희를 매도하는 사람들이 줄을 이었다고 볼 수 있을까?
　박근혜는 아버지의 죽음 이후 겪은 일들을 바탕으로 이렇게 결론을 내렸다.

●●● 사람이 사람을 배신하는 일만큼 슬프고 흉한 일도 없을 것이다. 상대의 믿음과 신의를 한번 배신하고 나면 그다음 배신은 더 쉬워지며, 결국 스스로에게 떳떳하지 못한 상태로 평생을 살아가게 된다.
　유신 때는 '유신만이 살 길'이라고 떠들던 사람들이 아버지의 죽음 이후 '그때 무슨 힘이 있어 반대할 수 있었겠느냐'고 말하는 것을 보니 인생의 서글픔이 밀려왔다.? 그동안 나를 잘 알고 굉장히 아낀다고 생각했던 사람들이 자신의 손익계산에 따라 태도가 달라졌는가 하면, 평소 덤덤하게 이야기를 나눈 바 없지만, 조금이라도 도움을 주고 싶어 안타까워하는 사람도 있었다. 나는 그러한 현실 속에서 사람의 안팎을 보는 것이 얼마나 중요한 일인가 새삼 깨달았다. 고마운 사람은 나에게 물 한 잔 더 준 사람이 아니라, 마음이 시류에 따라 오락가락하지 않으며 진실한 태도로 일관된 사람들, 진정 빛나는 이들이었다. **(자서전 148~149쪽)**

박근혜가 아버지의 죽음 이후 표변하는 인심(그것이 사실이라면)을 보면서 이렇게 느꼈다면 반론을 제기할 수는 없을 것이다. 그러나 그가 존경하던 아버지가 과연 '사람이 사람을 배신하는 슬프고 흉한 일'을 저질렀는지 않았는지는 이 글의 앞부분에서 살펴본 박정희의 삶에 여실히 드러나 있다.

박근혜는 2012년 4월 이 시점에서도 아버지에 대한 부정적 평가에 일절 동의하지 않는다. 애국지사들이 빼앗긴 나라를 되찾으려고 목숨을 걸고 독립투쟁을 하던 때 일본군 장교로서 '천황 폐하'에게 충성을 바치던 박정희의 과거에 대한 성찰이나, 퍼스트레이디를 지낸 공인으로서의 반성이 조금도 보이지 않는다.

박근혜의 정치적 후광인 박정희에 대한 다수 대중의 향수는 박근혜가 물려받은 '소중한 유산'이다. 박정희 없는 지금의 박근혜는 상상할 수 없기 때문이다. 그러나 박근혜의 인품이나 소양, 그리고 정치적 사고방식이 아버지를 빼어 닮았다면, 그것이 그릇된 줄 깨닫고 자신만의 창조적 이념과 정치철학을 발전시키려고 노력을 해야 유권자들이 그가 19대 대통령이 되는 데 동의할 수 있지 않을까?

김대중 납치 아버지와 무관

박근혜는 아버지 박정희가 죽음을 당한 뒤 갖은 악성 소문이 나돌았다고 주장했다.

●●● 김대중 납치 사건, 정인숙 사건 등을 비롯해서 나중에는 상식을 넘어서는 기사도 버젓이 실리기 시작했다. 이런 가십성 기사를 처음 접했을 때는 피가 거꾸로 솟는 것 같았다. (…)

매스컴의 위력은 대단했다. 사람들은 아무 의심 없이 잘못된 기사의 내용을 믿고 받아들였다. 한 번 말이 만들어지기 시작하니 걷잡을 수 없이 커져갔다. 잠자코 있으면 악성 소문도 사그라질 거라고 여겼지만, 시간이 흘러도 잠잠해질 기미가 보이지 않았다. 그 시절 나는 거대한 벽과 싸우고 있는 것 같았다.

김대중 납치 사건이 언론에 보도되었을 때, 아버지께서 화난 목소리로 쓸데없는 짓을 했다고 아주 못마땅해 하시던 것을 곁에서 지켜보았다. 그때 아버지는 북한이 한국 정부를 궁지로 몰려고 벌인 일인지도 모른다고 의심하셨다. 나는 그 자리에 있었기 때문에 당시의 상황을 뚜렷하게 기억한다.

하지만, 김대중 납치 사건에 대한 소문은 진실과는 다른 방향으로 흘렀다. 아버지의 지시에 의해 벌어진 일이라는 것이다. 나는 여러 차례 인터뷰를 통해 이것이 사실과 다르다는 것을 알렸다.　　(박근혜 자서전 150~151쪽)

박근혜는 아버지 박정희의 사후에 나돌던 모든 소문을 한마디로 '악성'이라고 단정했다. 특히 '박정희가 김대중 납치 사건과 관련이 있다'는 의견조차 '악성 루머'라고 일축해버렸다. 과연 그럴까? 먼저, 김대중 납치 사건의 경위를 살펴보기로 하자.

김대중이 1971년 4월의 대통령선거에 신민당 후보로 출마하기 전인 1월, 그의 서울 동교동 자택 마당에서 사제 폭발물이 터지는 사건이 일어났다. 경찰은 김대중의 조카인 김홍준(당시 15세)이 장난을 하다 그런 일을 저질렀다는 '자백'을 받고 그를 구속했다. 그러나 김홍준은 경찰의 위협과 가혹행위에 못 이겨 거짓 자백을 했다고 검찰에서 진술한 뒤 법원의 결정에 따라 석방되었다. 당시 야당은 '정보기관의 소행'이라는 의혹을 제기했다.

김대중은 1971년 4월의 제7대 대통령선거에서 94만여표 차이로 박정희에게 패배한 뒤인 5월 25일, 총선 유세를 지원하러 목포로 가다가 의문의 교통사고를 당했다. 14톤 대형트럭이 김대중이 타고 있던 차량과 충돌했는데, 김대중 자신과 야당은 여러 정황으로 볼 때 '암살 기도'라고 주장했다. 그는 그때 다리를 심하게 다쳐, 지팡이를 짚지 않으면 다리를 절름거릴 수밖에 없었다.

박정희가 '최대 정적'인 자신의 목숨을 노리고 있다는 의심을 품게
된 김대중은 교통사고 후유증과 지병 치료를 위해 일본을 왕래하다가
10월유신이 발표되기 엿새 전인 1972년 10월 11일 '정계 순방'을 이유
로 일본으로 갔다. 그가 미국의 정보기관한테서 그 정보를 듣고 '망명'
하기 위해 한국을 떠났다는 설도 있었다. 김대중은 국내에 비상계엄이
선포되고 헌정이 중단되자 미국으로 가서 유신독재체제를 비판하는 활
동을 시작했다. 그는 그해 11월 수도 워싱턴에서 '국민투표 무효'를 선
언하는 연설과 기자회견을 했다.

김대중은 1973년 7월 6일 워싱턴에서 한국민주회복통일촉진국민회
의(한민통)라는 단체를 조직하고 초대 의장으로 취임한 뒤 동포 사회를
중심으로 '반유신 투쟁'을 펼쳤다. 국내에서는 4월 '남산 부활절 예배'
때 제일교회 전도사 권호경 등이 '반유신체제 유인물'을 뿌린 것이 유
일한 저항이었을 뿐, 재야 민주화 세력이 숨도 제대로 못 쉴 정도로 박
정희의 철권정치가 혹심하던 시기였다. 박정희가 보기에 김대중이야말
로 그의 종신집권을 위협하는 '가장 위험한 불순분자'였을 것이다.

●●● 김대중의 반유신 활동은 그렇지 않아도 국제 여론의 악화로 압박받고
있던 박정희 정권을 자극하였다. 당시 중앙정보부장 이후락은 김대중의 해
외 반유신 활동을 봉쇄하기 위해 자진 귀국을 설득하는 등 여러 가지 공작
을 추진하였다. 하지만, 모두 성공하지 못하자 이후락은 마지막 수단으로
김대중 납치를 직접 지시하였다. 중앙정보부 요원들은 1973년 7월 10일 한

민통 일본지부 결성을 위해 일본에 간 김대중을 8월 8일 오후 1시10분경 도쿄의 그랜드팔레스 호텔에서 납치하여 결박한 채로 중정의 공작선인 용금호에 싣고 한국에 돌아왔다. 이들은 김대중을 감금하고 있다가 13일 밤 동교동의 자택 부근에 내려놓고 사라졌다.

(국가정보원 과거사 진실 규명을 통한 발전위원회 2007b 457~513쪽)

(〈한국민주화운동사 2〉 101~102쪽)

　김대중 납치 사건이 일어난 뒤 일본 경찰청이 팔레스호텔 현장에서 지문을 채취해서 분석한 결과 주일 한국대사관 1등서기관 김동운의 것으로 드러났다. 일본 정부는 한국의 공권력이 일본 영토에서 주권을 침해했다고 강력히 항의하면서 '범인들' 을 인도하라고 요구했다. 박정희 정권이 그것을 거부하자 한·일 관계는 싸늘하게 얼어붙었다. 그러다가 미국 정부가 조정에 나서고 국무총리 김종필이 일본 정부에 '진사(陳謝)' 하러 감으로써 두 나라 관계는 정상화되었다.

　김대중이 죽음 직전까지 갔다가 구사일생으로 살아나게 된 것은 용금호가 그를 싣고 바다에 수장하려 한다는 정보를 입수한 미국 정부가 무선으로 긴급히 '암살 중단' 압박을 가했기 때문이라고 한다. 자택으로 돌아온 김대중은 기자회견에서 괴한들이 자신의 발목에 무게추를 달고 바다에 던지려고 했다고 말했다. 김대중은 중앙정보부의 암살 위기를 벗어난 뒤 자택에 '연금' 된 채 일체의 정치활동을 할 수 없었다.

　김대중 납치 사건의 진상이 드러나기 시작한 것은 미국으로 망명한 전 중앙정보부장 김형욱이 1977년 미국 하원의 '프레이저 청문회'에서 '그 사건은 한국 중앙정보부의 범행'이라고 발언한 때부터였다. 그러나 전두환·김영삼 정권 시기는 물론이고 김대중이 대통령으로 있던 국민의 정부 때도 제대로 밝혀지지 않던 납치 사건의 진상은 노무현 정부가 2004년 11월 출범시킨 '국가정보원 과거사 진실 규명을 통한 발전위원회'가 본격적인 조사를 한 결과 전모가 거의 드러났다. 그 위원회는 2007년 1월, 〈과거와 대화 미래의 성찰-국정원 '진실위' 보고서 총론⑴〉이라는 방대한 보고서에서 김대중 납치 사건에 대해 이렇게 결론을 내렸다. "박정희가 지시했는지 여부는 정확히 알 수 없다. 그러나 무모한 공작에 반대하는 실무자들에 대해 이후락 부장이 '나는 하고 싶어서 하는 줄 알아?'라며 계획을 강행하도록 하였고, 당시 주일 공사가 대통령의 결재를 확인하기 전까지는 공작을 수행하지 않겠다고 버티다 곧 적극적으로 협조하였다는 정황에 비추어 대통령이 지시하였을 가능성을 배제할 수 없고 최소한 묵시적으로 승인하였을 것이라고 판단하였다."

국가기구인 위원회가 이런 결론을 내렸는데도 박근혜는 "그때 아버지는 북한이 한국 정부를 궁지로 몰려고 벌인 일인지도 모른다고 의심하셨다."라고 자서전에 썼다. 박근혜는 아버지의 말을 근거로 "김대중 납치 사건에 대한 소문은 진실과는 다른 방향으로 흘렀다"고 주장한다. 박근혜 자서전 초판 15쇄는 2012년 1월 13일에 나왔는데, 그는 그때까지도 국정원 '진실위'의 보고서를 읽지 않았다는 말인가?

아버지의 가슴엔 조국뿐

8명의 사형이 확정되자 울고 있는 민청학련 사건과 관련된 가족들

　박근혜가 기억하는 아버지 박정희는 '하늘을 우러러 한 점 부끄러움이 없는 애국자'였던 것 같다. 그는 자서전 153쪽에 이렇게 썼다.

●●● 나의 눈에 비친 아버지는 당신의 조국, 대한민국 이외의 사심은 결코

없었다. 아니, 그보다 그분의 마음과 머릿속에서 결코 떠날 줄 모르는 '조국의 근대화'라는 일념은 다른 무엇도 들어갈 틈을 주지 않았다.

박근혜는 "잘못된 것을 바로잡고 아버지의 오명을 벗겨 드려야 한다는 일념으로 남기고 가신 것들을 정리하기 시작했다"고 한다. "아버지에 대한 평가를 바로잡기 위해 시작한 부모님 추모사업"은 "자식 된 도리로 마땅히 해야 할 일이라고 믿고" 있기 때문이라는 것이다.

나는 박근혜가 이런 말을 할 때마다 '불가사의'를 느끼곤 한다. 박근혜는 아버지 박정희와 대통령 박정희를 완전히 다른 인물로 놓고 생각하는 것은 아닌가? '오명(汚名)'이란 '더러운 이름'이라는 뜻이다. 박근혜가 보기에 박정희가 뒤집어쓴 '오명'의 실체는 무엇일까? 세상 사람들이 그를 독재자라고 부르고, 김대중 납치 사건이나 정인숙 피살 사건에 관련된 의혹이 있다고 주장하는 것이 오명의 근원인가? 그렇다면 박근혜는 그런 의혹에 관해 '국가정보원 과거사 진실 규명을 통한 발전위원회'가 전문가들을 동원해서 장기간에 걸쳐 치밀하게 조사한 뒤 발표한 '보고서 총론'을 바탕으로 어떤 부분이 박정희에 대한 오명의 빌미가 되었는지를 명확히 밝혀내야 할 것이다. 그리고 박정희 사후 33년 동안 신문과 방송, 출판물을 통해 아버지를 '독재자' '폭군' '주색잡기에 빠진 대통령'이라고 비판한 사람들을 향해 그것은 사실이 아니라는 증거를 대고 당당하게 반론을 제기해야 할 것이다.

언론인 손석춘은 박근혜가 아버지 박정희가 권좌에 있던 시기에 저질렀거나 방임한 인권 유린과 '사법살인'에 대해 딸로서, 또는 퍼스트레이디로서 사과한 적이 전혀 없는 데 대해 이렇게 썼다.

●●● '인혁당 재건위' 사건은 유신체제에 저항하는 학생운동을 뿌리 뽑겠다는 의도로 그녀의 아버지 박정희가 민주화운동에 나선 8명을 처형한 야만적 참극이다. (…) 대법원에서 사형 선고를 확정받은 8명은 바로 다음날인 1975년 4월 9일 전격적으로 처형당했다. 그것은 박정희의 지시가 아니고는 이루어질 수 없는 일이다. (…) 그로부터 27년 뒤인 2002년 9월에 대통령 직속 기관인 의문사진상규명위원회는 인혁당 재건위 사건을 고문에 의한 조작으로 발표했다. (…) 의문사진상규명위의 발표 때부터 정치인 박근혜는 사과를 요구받았다. 한나라당의 몇몇 의원들조차 박근혜에게 아버지인 박정희 전 대통령의 '유신 독재'에 대한 태도를 정리해야 한다고 요구했다. 하지만, 박근혜는 '그동안 인혁당 등 여러 가지 문제들은 법적으로 전부 결론이 난 사안들'이라고 완강한 태도를 보였다.

(《박근혜의 거울》 31~32쪽)

2007년 1월 23일 사법부가 재심에서, 사형당한 8명에게 무죄를 선고하자 한나라당 대변인은 '이제라도 진실이 밝혀진 것이 큰 다행'이라면서 '이 사건으로 고인이 된 분들의 명복을 빌고 유족들에게 위로의 말씀을 드린다. 다시는 이런 일이 되풀이되어서는 안 될 것'이라는 공식 논평을 발표했다. 그러나 박근혜는 사법부의 판결에 대해 단 한마디도

하지 않았다.

●●● 그 무렵 박근혜는 한나라당 대통령 후보 경선에 대비하고 있었다. 그를 돕고 있던 한 대학교수는 '박근혜 대통령'을 만들고 싶어? "대통령이 되려면 유족을 찾아가 부둥켜안고 울어라"라고 고언을 했다고 한다. "그 교수는 그 말이 떨어지자마자 박근혜의 얼굴이 싸늘하게 바뀌며 '법대로 한 것 아니었나요?'라고 일축했다고 털어놓았다." **(손석춘 위의 책 84쪽)**

대통령 후보 경선 기간에 미국을 방문하고 있던 박근혜는 '인혁당 재건위' 사건 희생자들과 유족에 대한 사과 문제에 관한 질문을 받자 "내가 사과하고 말고 할 문제가 아니라 역사가 평가할 것"이라면서 엉뚱한 사례를 들어 '친북좌파'를 비난했다. "울진·삼척 무장공비 사건 때도 민간인들이 죽고 군경이 희생되었지만, 친북좌파들은 이에 대해 사과한 적이 없다"라는 것이었다. 당시 민주노동당 대선후보 경선에 나섰던 심상정은 박근혜의 그런 발언에 대해 인터넷신문 레디앙에 이렇게 썼다.

●●● 독재자의 전횡과 가혹한 통치 속에 수많은 아버지가 쓰러지거나 사라졌다. 그 아버지의 딸들은 수십 년 동안 아버지의 이름조차 제대로 부르지 못했다. 가슴속에 고통과 한을 켜켜이 쌓아두었다. (⋯⋯) 나 역시 한 사람의 딸로서 박 전 대표의 대답을 기다렸다. 박 전 대표의 침묵이 천륜과 정의 사이에서 고민한 흔적으로 남기를 바랐다. 그러나 박근혜 전 대표는 "친북좌파는 사과한 적이 있느냐?"라며 역사와 민중을 모독했다. 그리고 역사에 남

기자는 말도 했다. 비겁하고 잔인하다. 나는 잠시 '박근혜의 나라'를 생각하고 전율했다."

(손석춘 위의 책 85쪽에서 재인용)

박근혜는 '긴급조치 시대'인 1974년 8월 15일, 어머니 육영수가 암살당한 직후부터 공식적으로 청와대 '퍼스트레이디' 역할을 맡았다. 그러므로 그는 아버지 박정희의 인간적 면모만을 본 것이 아니라 대통령 박정희에 대해서도 구체적인 사실들을 많이 알고 있었을 것이다. 그러나 그는 자서전에서 박정희가 자상하고 따뜻한 아버지라는 것, 그리고 늘 헐벗고 굶주린 백성을 생각하면서 '민족중흥'과 '조국 근대화'를 지상 과제로 삼고 일했다는 사실만을 강조한다. 그가 자서전에서 대통령 박정희의 부정적 측면을 지적한 것은 딱 한 대목뿐이다.

●●○ 나는 아버지와 그 세대가 이 땅의 산업화를 위해 흘린 땀과 눈물을 소중하게 생각하는 것만큼, 이 땅의 민주화를 위해 애쓰신 분들에 대해서도 높이 평가한다. 사실 아버지 시절에는 북한의 남침 위협으로부터 나라를 지키고, 가난과 배고픔에서 벗어나는 것이 무엇보다 급선무였기에 '민주화'라는 측면에서 보면 부족한 면도 있었다. 그리고 그 과정에서 민주화 운동을 하다 본의 아니게 피해를 보신 분들도 계셨다.

●●● 나는 그분들에게 항상 죄스러운 마음을 가져왔다. 대한민국의 오늘을 만드는 데 그분들의 희생 또한 값진 것이었다. 나는 그분들에게 제대로 보답하는 길은 아버지가 못다 하신 민주화를 꽃피우고, 잘사는 나라로 만들기

위해 노력하는 것이라고 생각하고 있다." (자서전 154~155쪽)

　박근혜가 민주화운동을 하다 희생당한 사람들에게 '죄스러운 마음'을 가진 것은 사실이라 치더라도 '아버지가 못다 하신 민주화'라는 말은 도저히 인정할 수 없다. 도대체 박정희가 언제 민주화를 위해 노력한 적이 있단 말인가? 그는 집권 18년 동안 '나와 가족' 말고는 다른 사람들의 목숨과 인권을 존중하려고 들지 않았다. 그래서 '아버지의 가슴에는 조국뿐'이었다는 박근혜의 '증언'에서는 진실성이 전혀 느껴지지 않는다.

박근혜가 잃어버린 18년

1979년 10월 26일 박정희가 김재규에게 살해당했을 때 박근혜는 27 세였다. 월간조선은 그날 박근혜가 '천국에서 지옥으로 떨어졌다'고 썼다. 보수적인 신문과 방송은 그때부터 1997년 12월 박근혜가 한나라당에 입당한 때까지를 '박근혜가 잃어버린 18년'이라고 표현했다. 제17대 대통령선거를 앞둔 2007년 2월, 월간조선은 '박근혜의 잃어버린 18년'을 이렇게 설명했다.

●●● 박근혜 전 한나라당 대표의 인생 유전은 기구하다. 그녀의 삶에 드리운 영욕의 그림자는 너무 짙고 촘촘해 안을 들여다볼 수 없다. 삶의 단절은 불치의 병처럼 죄어왔고 가학적 증오심은 거대한 공포였으리라. 1979년 10·26 사태 이후부터 1997년 12월 정계에 입문하기까지 그녀의 18년은 실존적 진공 상태였다. 사실상의 영부인에서 '고아가 된 처녀가장'으로 영락한 후 그녀의 18년을 어떻게 바라봐야 할까."

월간조선의 이 기사는 1979년 10월부터 1997년 12월까지 박근혜의 삶을 '실존적 진공 상태'라고 규정했다. 세속적으로 말하면 '아무런 의미도 없는 삶'이라는 뜻이다. 이것은 인간의 삶을 권력 위주로 보는 천박한 견해이다. 설령 이런 주장에 동의한다 하더라도 박근혜는 그 18년 동안 '실존적 진공 상태'에서 살지는 않았다. 왜 그런지를 살펴보자.

박근혜는 1979년 10월 26일의 '박정희 피살 사건' 뒤 청와대를 떠나 서울 신당동 집에 머물다가 1980년 '서울의 봄'이 오기 직전인 3월 대구에 있는 영남대학교 재단 이사로 부임했다. 그는 그 뒤 한달만에 이사장으로 취임했다. 28세의 사학 재단 이사장은 교육계의 상식으로는 납득하기 어려운 것이다. 영남대는 1940년에 설립된 대구대학과 1950년에 개교한 청구대학이 통합되어 1960년 12월에 종합대학으로 인가를 받음으로써 태어난 대구의 대표적 사학이다.

2007년 한나라당 대선 예비후보 검증청문회에서 박근혜가 영남대 이사장으로 재임하던 시기에 한 일이 비판의 도마에 올랐다. "영남대 재단이사가 된 지 1년 뒤에 학교법인 정관 1조에 '교주(校主) 박정희'라는 표현이 삽입됐다"는 패널의 지적에 박근혜는 이렇게 대답했다. "1967년에 이사 전원이 서명한 결의문에 '교주 박정희'라는 글귀가 들어 있었다. 당시 이사 한 사람이 그것을 정관에도 넣자고 제의해 이사회에서 받아들인 것이다. 나도 이사회에 참여했고 찬성했던 것으로 기억한다."

영남대의 정관은 지금도 이렇게 되어 있다. "제1조(목적): 이 법인은 대한민국의 교육이념과 교주 박정희 선생의 창학 정신에 입각하여 교육을 실시함을 목적으로 한다."

1967년은 박정희가 3선개헌을 위해 은밀하게 공작을 추진하고 있던 때이다. 그런 시기에 영남대 이사들이 결의문에 현직 대통령을 '교주'라고 명기한 까닭은 무엇이었을까? 그것은 단순한 아부라고 치더라도, 이사장 박근혜가 1981년에 '교주 박정희'를 정관에 넣는 데 동의한 것은 이성적인 행동이라고 볼 수가 없다. 그가 월간조선의 표현대로 '실존적 진공상태' 속에서 살았다면 아버지를 큰 사립대학의 교주로 '부활' 시키는 행동을 서슴지 않고 하지는 않았을 것이다.

영남대에서 학원 민주화운동이 일어나자 박근혜는 이사장에 취임한 지 7개월 만에 그 자리를 물러났다. 그러나 이사직은 1988년까지 유지했다. 그는 아버지 박정희의 3주기 이튿날인 1982년 10월 27일, 육영재단 이사장을 맡았다. 육영재단은 3선개헌이 강행되던 1969년에 어머니 육영수가 설립한 공익재단이다.

1987년 6월항쟁으로 전두환이 정권을 노태우에게 물려준 뒤 박근혜는 대중 앞에 다시 나서기 시작했다.

●●● (…) 박근혜는 여성지를 비롯해 신문·방송의 인터뷰에 적극 나섰다. 텔레비전에 나왔을 때는 눈물을 흘리며 시청자들의 눈길을 끌기도 했다. 인터뷰에서 당시 신민주공화당 총재 김종필에 대해 '아버지의 유업을 계승하려면 똑바로 해야지 이것도 저것도 아니고…'라고 불쾌감을 드러내기도 했다.

박근혜는 아버지를 주제로 한 영화 <조국의 등불>을 만들기도 했다. 1989
년 박정희 10주기에는 추도객이 몰려들었다. 월간신문 <근화보>를 발행하
면서 '정치할 것'이라는 '소문'이 무게감을 갖게 되었다.

(손석춘 〈박근혜의 거울〉 39~40쪽)

    박근혜는 1990년 11월 육영재단 이사장 자리에서 물러났다. 동생 박
근령이 "언니가 최태민의 최면술에 걸려 있다. 지금 최 목사를 몰아내
는 게 궁극적으로 언니를 돕는 길"이라고 주장하면서 대통령 노태우에
게 '호소문'을 보내는가 하면, 박근혜와 최태민을 둘러싼 여러가지 소
문이 시중에 퍼졌기 때문이다. 박근혜는 "내가 누구에게 조종을 받는다
는 것은 내 인격에 대한 모독"이라면서 이사장직을 박근령에게 물려주
었다.

●●● 육영재단을 그만둔 뒤부터 비로소 나는 '나의 인생'을 살기 시작했다.
그동안 간절히 그려온 평범한 생활이었다. 하루하루 고요한 나날이 흘러갔
다. 나는 일기와 독서로 복잡한 생각들을 정리했고 틈틈이 시를 쓰며 마음
을 다독였다. 그 시간을 통해 나는 올바르게 사는 삶이 가장 가치 있는 삶이
라는 생각을 했다. 인생에서 소중한 것은 금덩어리도, 명예나 권력도 아니
다. 그것들은 한순간 사라지고 마는 한 줌 재에 불과한 것이다."

(박근혜 자서전 155~156쪽)

    그 무렵 박근혜는 '문인의 길'에 첫발을 내디뎠다. 일상과 상념을 담

은 수필집 〈평범한 가정에 태어났더라면〉을 출간한 뒤 〈결국 한 줌, 결국 한 점〉을 펴냈다. 그는 어느덧 문인협회 회원이 되어 있었다.

●●● 40대에 접어들자 마음에 한결 여유가 생겼다. 나이가 주는 선물이었다. 세상을 바라보는 시선이 좀 더 유연해지는 듯했다. 세월은 눈가에 주름을 남겼지만, 나이의 흔적이 묻어나는 내 모습이 낯설지 않았다. 내 얼굴에서 지난날 어머니의 모습이 겹쳐 보일 때 안심이 되기도 했다.

조용히 살아가는 나날이 만족스러웠다. 정치를 해볼 생각이 없느냐는 제안을 종종 받았지만 단호히 거절했다.   **(자서전 163쪽)**

"인생에서 소중한 것은 금덩어리도, 명예나 권력도 아니다"라면서 수필가의 길을 걷던 박근혜는 1995년 8월 정수장학회 이사장으로 취임했다. 정수장학회는 아버지 박정희가 부산의 기업인 김지태에게서 '강탈'한 부산일보를 소유하고 MBC의 주식 30%를 보유한 거대한 조직으로서, 이사장은 돈과 권력을 아울러 누릴 수 있는 자리였다.

박근혜의 재산은 얼마인가

지난 3월 23일 국회 공직자윤리위원회는 의원들의 재산 내역을 공개했다. 새누리당 비상대책위원장 박근혜의 재산은 21억 8천만원으로 서울 강남구 삼성동 자택과 지역구였던 대구 달서구의 아파트가 대부분을 차지했다. 그는 차량 두 대(승용차와 SUV)와 7,800만원의 예금을 보유하고 있다고 신고했다.

박근혜가 신고한 재산은 새누리당 의원 정몽준의 2조 227억원에 비하면 1,000분의 1쯤밖에 되지 않는다. 21억 8천만원이라는 재산은 강남에 있는 가장 비싼 아파트 한 채 값의 절반에도 미치지 못한다. 신고한 재산만을 기준으로 보면 박근혜는 한국 사회의 1%에 속하는 특권층이 아니라 중산층을 벗어나서 '꽤 잘 사는 사람'이라는 소리를 들을 정도일 것이다. 그러나 정치권이나 언론계, 그리고 경제학계의 많은 전문가들은 박근혜의 재산을 신고액만으로 평가하는 '산술적 계산'에 동의하지 않는다. 그가 실질적으로 지배하는 재산(또는 자산)이 얼마인지가 중요하다는 뜻이다.

팟캐스트 방송 '나는 꼼수다'의 진행자 가운데 한 사람으로 유명해진

주진우(주간 종합신문 〈시사인〉 기자)는 2011년 12월 19일 서울 프레스
센터 국제회의장에서 열린 〈박정희의 맨 얼굴−8인의 학자 박정희 경제
신화 화장을 지우다(이정우 등 지음)〉 출판기념회에서 '박정희 시각 교
정'이라는 제목의 강연을 통해 이런 요지의 주장을 했다.

●●● 박정희가 막걸리를 마시고 항상 헤어진 옷을 입는 등 검소했다는 평
가가 있는데 남겨놓은 재산이 너무 많다. 육영재단, 영남대, 정수장학회 등
이다. 남긴 재산을 얼주 따져보고 기사를 쓸 예정인데 지금 팔아도 10조 원
이 넘는다."

박정희의 유산을 맏딸인 박근혜가 모두 상속했다고 볼 수는 없을 것
이다. 동생인 근령과 지만의 몫도 적지 않을 것이기 때문이다. 그리고
박근령이 이사장으로 있는 육영재단을 박근혜의 재산목록에 넣을 수는
없을 뿐 아니라 학교법인 영남대, 그리고 공익단체의 성격을 띤 정수장
학회를 박근혜가 매각할 수 있는지도 의문이다. 주진우의 주장은 박근
혜가 아버지한테서 물려받은 '유산'의 가치를 비유적으로 표현한 것이
라고 보아야 할 것이다.

박근혜가 소유하고 있거나 실질적으로 지배하는 재산을 화폐가치로
환산하기는 어려운 일이다. 그래서 여기서는 1979년 10월 26일 박정희
가 죽음을 당한 뒤부터 현재까지 박근혜가 유산의 형태로 물려받은, 정
수장학회 같은 '공익단체'가 행사하는 정치 · 경제 · 사회 · 문화적 영향
력을 짚어보기로 하겠다.

정수장학회는 부산의 기업인이자 언론사 사주이던 김지태가 설립한 부일장학회를 1962년에 박정희가 강압적으로 빼앗아 개편한 '5·16장학회'를 1982년에 개명한 이름이다. (부일장학회 '강탈'에 관해서는 나중에 상세히 살펴보겠다.) 정수장학회는 (주)문화방송 주식 30%(26만 주), 예금 185억원(2007년 현재), 서울 경향신문사 터 723평을 보유하고 있다. 정수장학회는 2007년 한해에만 대학생 460여명, 고등학생 300여명에게 장학금 26억원을 지급했다. 이런 장학금은 정수장학회 재산에서 나온 것이 아니라 (주)문화방송과 (주)부산일보사의 지원금으로 충당돼 왔다. 문화방송은 2006년도에만 정수장학회에 20억원을 지원했다. 적자를 내고 있던 부산일보도 8억원을 냈다.

박근혜는 정수장학회 8대 이사장을 지냈고, 박정희의 동서인 조태호가 5대 이사장이었다. 전 중앙정보부장 이후락, 전 부산일보 사장 박준규, 박정희의 대구사범학교 동기인 전 부산문화방송 사장 조증출과 전 부산일보 사장 왕학수가 정수장학회의 이사를 맡은 바 있다.

42세 때인 1994년 정수장학회 이사장으로 취임한 박근혜는 한나라당 대표이던 2005년에 그 자리에서 물러났다. 당시 야당이던 열린우리당을 비롯해서 시민단체들이 "장물인 정수장학회를 사회에 환원하라"고 강력히 주장하자 '자의'로 이사장직을 사퇴했던 것이다. 그때 열린우리당 대변인 김현미는 "정수장학회의 소유재산은 시가로 따지면 조 단위가 될 수도 있다"면서 "정수장학회는 부산지역의 신망 높은 기업인이자 언론인이었던 김지태 선생의 재산을 빼앗아 만든 것인데 장물로 장학금을 줬으니 잘 운영해서 문제없다고 하는 것은 코미디"라고 비판했다.

정수장학회의 인맥은 상상외로 매우 탄탄하다. 전국적인 대학생 조직까지 갖추고 있을 정도다.

정수장학회에는 '정수가족'으로 묶이는 두 개의 조직이 있다. '상청회'와 '청오회'가 그것이다. 청오회는 현재 장학금을 받고 있는 학생들의 모임이고, 상청회는 정수장학회에서 장학금을 받고 학업을 마친 사회인들의 모임이다. 청오회 회원이 학교를 졸업하면 자연스럽게 상청회 회원이 되는 방식이다.

●●● 1962년 설립된 이후 정수장학회가 배출한 장학생만 3만 명이 넘는다. 이들은 모두 상청회 회원들로 현재 정치계 · 학계 · 법조계 등에 넓게 퍼져 있다. (…)

상청회 회원들이 가장 많이 진출한 사회 영역은 학계다. 상청회 회원 중 약 400명이 현재 전국 각 대학에서 교수로 활동하고 있다. 그 교수 중 몇몇은 정수장학회로 연결된 후배 대학생들, 즉 청오회 회원들을 지도 · 감독하고 있다."

(박상규 "정수장학생 3만명, 박근혜의 '자산'일까, 오마이뉴스 2007년 7월16일자)

박근혜가 2007년 한나라당 대통령 후보 경선에 나서자 경쟁자인 이명박 진영과 그를 은근히 지지하던 보수언론은 박근혜가 정수장학회의 '실질적 소유자'라고 공격하면서 그에게 불리한 사실들을 폭로했다. 박근혜는 "나는 이사장직을 두 해 전에 떠났으니 정수장학회와는 아무 관

계가 없다"고 주장했다. 그러나 그의 말은 아주 궁색하게 들렸다. 그의
후임으로 이사장이 된 최필립이 대통령 박정희의 의전·공보관 출신으
로 유신정권 말기에 박근혜의 비서 역할을 했던 인물이기 때문이다. 그
래서 "최필립이 박근혜와 상의하지 않거나 그의 재가를 받지 않고 독자
적으로 정수장학회를 운영할 수 없다는 사실은 상식에 속하는 일 아닌
가"라는 반론이 쏟아져나왔다.

2012년 7월 초 현재 새누리당의 가장 유력한 '18대 대통령 후보' 인
박근혜의 '정치적 자산 목록 1호' 는 정수장학회라고 보아야 할 것이다.
그러나 야당을 비롯해서 많은 시민단체들이 '장물' 이라고 단정하는 정
수장학회가 이번에도 박근혜가 청와대로 가는 길에 가장 큰 장애물이
되지 않으리라는 보장은 전혀 없다.

정수장학회 '장물' 인가 '장애물' 인가

2012년 2월 21일, 민주통합당 상임고문이자 노무현재단 이사장인 문재인은 새누리당 비상대책위원장 박근혜를 향해 직격탄을 날렸다.

그는 트위터에 올린 글을 통해 정수장학회를 이렇게 비판했다. "장물을 남에게 맡겨 놓으면 장물이 아닌가요. 착한 물건으로 바꿔나요. 머리만 감추곤 '나 없다' 하는 모양을 보는 듯하네요." 바로 전날 박근혜는 방송기자클럽 초청 토론회에서 "2006년 (정수장학회) 이사장직을 그만둔 뒤 그 후로는 저와 장학회가 관련이 없다"라고 말했다. 문재인은 그보다 닷새 전인 2월 16일 트위터에 정수장학회에 관한 글을 쓴 적이 있었다. '정수장학회는 김지태 선생의 부일장학회를 강탈당한 장물'이며 "참여정부 때 국정원 과거사조사위원회와 진실화해위가 강탈의 불법성을 인정했는데도 지금까지 해결되지 않고 있다"는 것이었다.

정수장학회가 '장물'이라는 주장은 지난 수십년 동안 음양으로 떠돌았지만, 가장 확실하게 그 주장의 정당성을 입증한 것은 국가기구인 국정원 과거사조사위원회였다. 2004년 11월 1일 출범한 그 위원회는 과거 독재정권들의 인권 침해, 월권과 탈법행위 등에 관한 조사를 통해 현대사를 바로 세우고 비슷한 사건들이 일어나지 않도록 제도적 장치를 마련하는 것을 목적으로 하고 있었다. 과거사조사위에 위원으로 참여했던 한홍구(성공회대 교수)는 정수장학회를 박정희가 남긴 '장물'이라고 단정하게 된 경위와 근거를 아래와 같이 제시했다.

●●● 박정희와 그 부하들은 김지태를 잡아놓고 그에게 부산일보 · 한국문화방송 · 부산문화방송 주식을 포기할 것과 부일장학회의 기본 재산으로 상정해 놓은 부산 서면 일대의 토지 10만 평을 내놓을 것을 끈질기게 요구했다. (…) 김지태는 7년이란 장기형이 구형되자 1962년 5월 25일 '포기각서'를 작성했지만, '기부' 절차는 석방된 뒤에 밟겠다며 기부승낙서 작성을 거부했다. (…) 그는 회사의 간부도 10여 명이나 구속되고 자신이 끝까지 버틸 경우 수천 종업원이 일자리를 잃을 수도 있다는 우려에서 자유로울 수가 없었다. 김지태는 5 · 16 군사반란 직후 법무부 장관을 지낸 고원증이 박정희의 명을 받아 가져온 기부승낙서에 결국 도장을 찍었다. (…) 군사반란의 주역들에게 납치당한 김지태는 한국문화방송, 부산문화방송, 부산일보에 부산 서면 일대의 토지 10만 평이라는 어마어마한 몸값을 치르고서야 석방된 것이다.

(한홍구 '유신과 오늘 (5) – 박정희의 언론장악 부일장학회 강탈 ①' 한겨레 3월24일자)

1958년 11월에 김지태가 설립한 부일장학회는 1962년 6월에 없어질 때까지 중 · 고 · 대학생 1만 2천여명에게 17억7천만여환의 장학금을 지급한 단체로, 당시 문교부에 등록된 육영법인 37곳 가운데 규모가 가장 컸다.

한홍구는 박정희가 김지태의 재산을 빼앗는 것을 목적으로 했다기보다는 그가 소유한 언론사들을 탐냈기 때문에 '강탈' 행위를 저질렀다고 본다. 4월혁명 뒤에 세워진 합법정부를 뒤엎는 쿠데타를 일으켜 군사정권을 세운 그는 나라 안팎에서 여론의 호된 비판을 받고 있었다. 그래서 박정희에게는 자신이 지배하는 언론이 절실히 필요했다는 것이다. 한홍구는 '이미 온 나라를 차지한' 박정희가 시인 구상을 내세워 경향신문을 매입하려다 실패한 사실을 예로 들면서, 박정희가 한국문화방송과 부산문화방송, 그리고 전국 최대의 지방일간지인 부산일보를 손에 넣으려고 김지태를 압박했다고 기록했다.

2012년 2월 24일 서울중앙지법 민사 합의 17부(재판장 염원섭)는 김지태의 유족 6명이 재단법인 정수장학회와 국가를 상대로 낸 주식양도 청구소송에서 원고 패소 판결을 내렸다. "고 김지태씨가 국가의 강압에 의해 주식을 증여한 사실은 인정되지만, 의사 결정을 스스로 할 수 있는 여지를 완전히 박탈당한 상태였다는 증거가 없는 등 무효로 볼 수 없다"는 것이었다. 그리고 재판부는 "주식을 증여한 1962년 6월 20일부터 10년이 지날 때까지 이를 취소하지 않아 취소권은 이미 소멸했다"고 판결했다. 박정희 독재의 서슬이 퍼렇던 1972년 6월 19일까지 '국가의 강압에 의한 주식 증여'를 취소하지 않았다는 것이 패소 판결의 요지였다.

박근혜가 아버지 박정희가 물려준 '장물'인 정수장학회의 '실질적 소유자'라는 주장에 대해 그는 같은 말을 되풀이했다. "나는 2005년에 이사장 자리를 물러났으므로 정수장학회와는 무관하다." 그러나 정수장학회 이사회 구성원들을 보면 박근혜의 그런 주장은 설득력이 전혀 없다. 지난 회에 썼듯이, 이사장 최필립은 대통령 박정희의 의전·공보관 출신으로, '퍼스트레이디'이던 박근혜의 보좌역을 지냈고, 박정희 사후에도 박근혜와 긴밀한 관계를 유지해온 인물이다. 정수장학회 이사는 모두 5명(이사장 포함)인데 이사 송광용과 김덕순은 박근혜가 이사장으로 있던 시기에 데려온 사람들이다. 그리고 외무공무원 출신인 신성오와 최성홍은 2005년 3월 이사장이 된 최필립이 '영입'한 이들이다. 박근혜의 '직계 측근'이 3명, '방계 측근'이 2명인 셈이다. 2012년으로 취임 7~13년째를 맞은 이사진은 교체된 적이 없다. 정관에 이사의 임기는 4년으로 정해져 있지만, 연임 제한이 없기 때문이다. 이사장은 이사들이 호선하게 되어 있어 5명의 이사진이 평생 돌아가며 이사장을 맡을 수도 있다. 이런 인적 구조를 가진 정수장학회를 두고 박근혜는 '나와는 관계가 없다'는 주장만 되풀이하고 있다.

2004년 6월 15일 전국언론노동조합 부산일보사 지부는 "언론의 감시를 받아야 할 정치인이 한 손에 정치권력을 쥐고, 다른 한 손으로 언론까지 쥐고 가려 욕심을 낸다면 옳지 않다"면서 "정수장학회 박근혜 이사장은 양수집병의 갈등에서 벗어나야 한다"라고 주장했다. 부산일보사 주식 100%를 보유한 정수장학회 이사장인 그가 한나라당 대표로서 부산일보의 임원 인사와 편집권을 좌지우지한다는 뜻이었다.

김지태 씨의 차남 김영우씨가 2007년 6월 한나라당에 제출한 대통령 후보 검증요청서에 따르면 박근혜 의원이 재단의 이사장으로서 받은 연봉은 엄청난 액수다. 1995년부터 1998년까지는 비상근직으로 연간 1억 3,500만원씩을, 1999년부터 2005년까지는 상근직으로 바뀌면서 연간 2억 5,350만원씩을 받아갔다.

●●● 현역 국회의원으로서 억대의 세비를 받으면서, 더구나 매일 출근해 일할 수도 없는 겸직인데도 상근직으로 전환해 거액의 연봉을 수령했다. 이것이 법적으로 죄가 되는지는 따져보아야 하겠지만 우선 유력한 대통령 후보까지 된 정치인으로서 기본적인 양식과 사회윤리가 의심되는 대목이 아닐 수 없다. 특히 사회봉사를 위해 설립한 장학재단의 이사장이 대기업의 CEO 연봉에 해당하는 거액을 받아 온 것은 개탄스러운 일이 아닐 수 없다.

(김재홍 〈누가 박정희를 용서했는가〉 41쪽)

2011년 11월 18일자 부산일보 1쪽에는 '정수장학회를 사회에 환원하고 사장추천제를 도입하라'는 내용의 기사가 크게 실렸다. 경영진은 신문 발행을 중단하고 노조위원장 이호진을 면직하는 한편 편집국장 이정호에 대한 직무정지 가처분 신청을 법원에 냈다. 이정호는 "회사가 편집국장 책상을 빼고 직무정지 가처분 신청까지 하는 것은 정수장학회를 향한 실적 보고용"이라면서 원칙적으로 대응하겠다고 말했다. 부산일보사 경영진이 2012년 5월 초순 이정호에 대해 다시 직무정지 가처분과 출입금지 가처분 신청을 법원에 내자 노조와 시민단체들을 중심으로 강력한 저항운동이 일어났다.

2011년 12월 16일 오후 부산일보사 앞에서 전국언론노조 주최로 연대집회가 열렸다. 한진중공업 85호 크레인에서 309일 동안 '고공농성'을 마치고 내려온 김진숙(민주노총 부산본부 지도위원)은 그 모임에 참석하기 전에 한 매체와의 인터뷰에서 이렇게 말했다.「사실 노조 지부장이 윤전기를 직접 돌릴 수 있는 힘을 가진 언론사가 저는 몇 개 없다고 생각하거든요. 부산일보가 그 중 하나인데, 유일한 치욕이 정수재단인 것 같아요. 이번 기회에 그런 고리를 끊어내도록 해야죠. 오히려 잘됐다고 생각해요. 지부장을 해고한 것도 회사 측이 오히려 악수를 둔 것이라고 보고요. 조합원들이 조금 더 분발해서 그런 치욕적인 고리를 완전히 끊었으면 좋겠어요.」

정수장학회 사회 환원을 위한 법안이 19대 국회 개원 이후 이른 시일 안에 발의될 전망이다. 언론연대와 부산일보 노조가 성공회대 교수 한홍구와 최영묵 등의 도움을 받아 2011년 말 입법팀을 만들어 법안을 준비하고 있다고 한다. 지난 총선에서 민주통합당 비례대표로 당선된 부산일보 기자 출신 배재정도 그 작업에 합류했다.

●●● 입법의 목표는 박정희 전 대통령이 불법으로 강탈한 정수장학회를 명실상부한 공익법인으로 환골탈태시키는 것이다. 그러기 위해서는 박 전 대

통령, 박근혜 새누리당 비대위원장과 관계된 사람들을 이사장과 이사진 등 정수장학회 운영 주체에서 배제시켜야 한다. 또한, 17대 국회에서 제정된 과거사 관련 특별법을 기초로 공권력에 의한 인권 침해 및 재산권 피해 당사자들의 명예를 회복하고 손해와 피해를 보상하도록 강제하는 방법도 찾아야 한다. 이를 어떻게 법안에 담는가가 입법팀 논의의 핵심이다.

(〈한국기자협회보〉 2012년 5월9일자)

　박근혜의 측근들이 운영하고 있는 정수장학회는 오는 12월의 18대 대통령선거를 앞두고 이미 뜨거운 쟁점으로 떠올랐다. '만약 박근혜가 대통령이 된다면' 부산일보의 자주화는 무산될 가능성이 크고, 방송문화진흥회와 정수장학회가 양대 주주인 MBC의 공정방송 회복 운동도 아주 약해질 것이 분명하기 때문에 야권과 시민운동단체들은 정수장학회 사회 환원 요구를 더욱 거세게 할 것으로 보인다. 대통령선거 국면에서 정수장학회가 박근혜의 앞을 결정적으로 가로막는 장애물이 될는지 아닌지는 몇 달 뒤면 드러날 것이다.

박근혜의 기회주의와 말 바꾸기

2009년 7월 24일, 민주당의 민주정책연구원은 "전국의 만 19세 이상 성인 남녀 1,000명을 대상으로 긴급 ARS 전화여론조사를 실시한 결과 박근혜 전 한나라당 대표에 대해 '대세에 편승한 기회주의 정치인'이라는 평가가 57.1%로 나타났다"고 밝혔다. 이에 반해 '원칙과 소신있는 정치인'이라는 평가는 27.5%에 그쳤다고 한다. 민주당이 이런 조사결과를 발표한 때는 '미디어 관련법'이 한나라당의 날치기로 국회를 통과한 지 이틀 뒤였다. 민주당 의원 박주선은 7월 23일 MBC 라디오 '손석희의 시선집중'과의 인터뷰에서 "박근혜 의원이 원래 기회주의적 처신에 능한데 이번에도 말 바꾸기를 했다"면서 "현란한 기회주의 처신이 돋보인다"고 비판했다.

야당과 언론단체들이 '미디어 악법'이라고 주장하던 법안들을 당시 한나라당이 국회의장에게 '직권상정' 해달라고 건의하자 박근혜는 "본회의에 참석한다면 미디어법에 반대표를 행사하기 위해 참석할 것"이라고 측근 의원들을 통해 밝혔다. 박근혜는 7월 22일 "신문과 대기업의 방송 진출에 따른 사전·사후 규제 장치와 여론 독과점 해소책 등을 마련하라는 자신의 요구가 받아들여졌다"는 이유로 표결에 참여했다. 그러나 그가 내세워 관철했다는 요구는 현실과는 동떨어진 것이었다. 미디어 관련법은 일간지 시장에서 구독률 20% 이상을 차지하는 신문사의 방송 진출을 차단했으나 가장 높은 조선일보의 구독률은 11%에 불과했기 때문이다.

박근혜 자신과 추종자들이 뭐라고 말하든간에 '기회주의자'라는 평판은 그를 끈질기게 따라다닌다. 왜 그럴까?

2008년 초여름 '광우병 위험이 있는 미국산 쇠고기' 수입에 반대하는 '촛불' 집회와 시위가 한창이던 무렵 박근혜는 '근본대책이 나와야 한다'는 원론적인 말만 되풀이한 뒤 침묵을 지켰다. 국민의 건강을 위협하는 중대한 문제 때문에 중·고등학생들까지 촛불을 들고 나서던 상황에서 그는 '근본대책'이 무엇인지 구체적으로 밝히지 않았다. 박근혜는 그해 6월 30일에 열린 자신의 출판기념회에서 기자들이 미국산 쇠고기 수입에 관해 질문하자 "정부는 추가협상 후 충분한 시간을 두고 국민의 이해를 구하고 나서 고시를 했어야 하는데 너무 성급했고, 과격 시위도 있어서는 안 된다"라고 주장했다.

2010년 12월 16일, 민주당 원내대표 박지원은 한나라당이 새해 예산안을 날치기로 처리한 데 대해 박근혜가 침묵으로 일관하자 "박 전 대표는 날치기로 그 많은 복지예산이 완전히 삭감될 때 아무 말도 하지 않았다"면서 "혹시 '박근혜 표 복지'는 예산이 필요 없는 복지가 아닌가"라고 물었다. 그는 4대강 사업에 대한 박근혜의 침묵에 대해서도 "국민의 70%와 4대 종단, 많은 학자들이 반대할 때 박 전 대표는 무슨 말씀을 하셨나. 박정희 전 대통령이 말한 '한국형 민주주의'가 유신독재로 나타났는데 박근혜 표 복지는 무엇으로 나타날지 궁금하기 짝이 없다"고 말했다.

2011년 8월, 서울시장 오세훈이 정치적 생명을 걸다시피 하면서 추진한 무상급식에 대한 찬반투표에서도 박근혜는 기회주의적 처신을 했다는 공격을 받았다.

●●● 한나라당 의원 신지호는 '박 전 대표가 투표 하루 전날 각자 알아서 판단하라고 하면서 사실상 김을 빼버린 건 너무나 무책임 했다'고 비판했다. (…) 한 주요 당직자는 '오 시장 측에서 막판에 박 전 대표 측에 투표를 하는 게 민주주의 아닌가요 정도만의 짤막한 멘트라도 해달라고 애걸복걸했으나 거절당했다고 들었다'고 말했다. 그는 '오 시장 측에서 하다하다 안 되니 정 그러면 침묵이라도 지켜달라고 부탁했다며, 그런데도 박 전 대표는 23일 언론에 서울 시민이 판단하지 않겠느냐, 지방자치단체마다 사정이 다르니 거기에 맞춰 하는 것이 좋지 않겠냐고 하는 등 강 건너 불구경하듯 말했다고 분을 삭이지 못했다. **(문화일보 2011년 8월25일자)**

박근혜의 정치적 처신을 비판하는 사람들이 많이 쓰는 말로는 '기회주의' 다음으로 '말 바꾸기' 가 있다.

2012년 3월 12일 새누리당 비상대책위원장 박근혜는 비대위 회의에서 '구럼비 폭파' 로 긴장이 극에 이른 제주해군기지 건설 문제에 관해 이렇게 말했다. "여·야를 떠나 국가안보에 관한 문제를 정치적으로 접근해서는 안 된다. 당리당략 때문에 반대하는 것은 너무나 무책임한 일이다."

●●● 박 위원장은 지난 2007년 6월 1일 제주도를 방문했을 당시 제주해군기지 문제에 대해 「'무엇보다 가장 중요한 것은 도민 의견 수렴을 통한 공감대 형성'이라며 "도민 의견 수렴 방법에 대해서는 주민투표 등 제주 도정이 지역 실정에 맞는 방법을 찾아내면 될 것"」이라고 말한 바 있다.

공사 강행이 아닌 '도민 의견 수렴 및 공감대 형성'이 전제돼야 한다는 점을 분명히 한 것이다.

무엇보다 지난 5일 우근민 도지사를 비롯해 도의회 의장, 새누리당 도당 위원장까지 나서 한목소리로 제주해군기지 공사 일시 보류를 요구한 것을 감안하면 이날 박 위원장의 발언은 5년 전 '공감대 형성 후 추진'이라는 자신의 발언을 정면으로 뒤집은 것이라는 지적이다.

〈〈제주의 소리〉 3월 12일자)

최근 '박근혜 대세론' 이 굳어지는 가운데 18대 대통령선거 새누리당 후보 경선에 출마하겠다고 선언한 정치인들은 경선 규칙 문제를 두고 박근혜를 집중적으로 공격하고 있다.

●●● 이들의 목소리는 게임(대선 경선)의 룰 문제에서 더 증폭된다. 완전국민경선제 도입에 완강히 반대하는 박 위원장의 태도가 '불통정치'를 증명한다는 것이다. 박 위원장은 이회창 대세론이 우세하던 2002년 한나라당 경선을 앞두고 '경선을 지금 방식대로 하면서 대의원 숫자를 조금 늘리는 것이라면 (나는) 들러리를 서는 것밖에 안 된다'며 경선 규칙 개정을 요구한 바 있다. 하지만, 현재는 '선수가 경기 룰에 맞춰야 한다'는 입장에서 움직이질 않는다. 김문수 지사는 '2002년에 (박 위원장도) 선수였는데 이회창 대세론 때문에 경선의 룰을 고쳐 달라고 하지 않았느냐'고 꼬집는다. 임태희 전 실장도 '표 확장력을 가진 후보들이 더 많이 참여하도록 경선 룰도 적합하게 바뀌어야 한다'고 힘을 싣고 있다. **(한겨레 5월1일자)**

　박근혜는 '수첩공주'라는 별명과 함께 '침묵공주'라는 말도 듣고 있다. 그는 2008년 2월 25일 이래 이명박 대통령과 친인척, 그리고 측근들이 저지른 온갖 부정과 비리에 대해 구체적으로 비판을 한 적이 거의 없다. '잘못된 과거와 단절해야 한다'는 추상적인 말만 거듭했을 뿐이다. 이런 그를 두고 '박근혜가 대통령이 되는 것도 정권 교체'라고 주장하는 사람들이 적지 않은 것이 현실이다.

'선거의 여왕'이라는 '신화'

박근혜는 45세 때 정치계에 입문했다. 그는 어머니 육영수가 세상을 떠난 뒤 청와대의 '퍼스트레이디'로서 공직을 수행한 경험은 있으나 유권자의 투표를 통한 선출직을 맡은 적은 없었다. 그는 정치에 발을 들여놓게 된 계기를 이렇게 설명했다.

●●● 1997년 12월 10일, 대선을 8일 앞두고 나는 한나라당 대통령 후보인 이회창 후보 지지를 선언하고 본격적인 선거운동에 뛰어들었다. 한나라당을 선택한 이유는 오랜 세월 청렴하고 능력 있는 리더로서 면모를 보여온 이 후보와 함께 노력한다면 IMF의 고비를 지혜롭게 넘길 수 있으리라는 판단 때문이다.

1996년 총선 직전, 자민련이 구미에 출마하지 않겠느냐는 제의를 해왔지만 나는 이에 응하지 않았다. 굳이 정치에 뛰어들어야 할 확신이 들지 않았기 때문이다. 하지만, 이번에는 달랐다. 흔들리는 나라 경제를 바라보며 느낀 위기감에 속이 시커멓게 타들어가는 심정이었다. 어떻게 이룬 나라인데 이렇게 무너지나 하는 절박한 마음으로 이회창 후보 지원 유세에 나섰다. 영동, 대구, 포항 등 쉴 새 없이 전국을 누비며 바쁘게 유세현장을 돌아다녔다.

(박근혜 자서전 174쪽)

박근혜가 대구에서 유세에 나섰을 때 시민들의 반응은 '상상을 초월하는' 것이었다고 한다.

●●● 늦은 저녁임에도 엄청난 인파가 거리를 가득 메웠다. 발 디딜 틈도 없을 정도로 사람들이 물결을 이루었다. 시민들의 환대에 가슴이 먹먹했다. 그들은 연신 '박근혜'를 외쳤다. 보자마자 껴안고 울음을 터뜨리는 분들도 있었다. 바른 정치를 바라는 시민들의 기대감이 절절히 느껴져 마음이 무거웠다.

(자서전 175쪽)

1997년 12월의 제15대 대통령선거는 김종필의 자민련과 손을 잡은 새정치국민회의 김대중 후보의 승리로 끝났다. 박근혜는 "어떻게 이룬 나라인데 이렇게 무너지나 하는 절박한 마음으로 이회창 후보 지원 유세에 나섰다"라고 하지만, 실제로 나라를 무너지게 한 장본인은 14대 대통령 김영삼이었다. 그와 경제 담당 고위관리들이 폭락하는 환율을 방어함으로써 곤두박질치는 국민소득을 지킨다는 목적으로 무모한 정책을 고수하다가 IMF 외환위기를 자초했다는 사실은 나중에 명백히 드러났다. 김대중은 대통령 당선인 자격으로 위기 극복에 나서 국민의 적극적인 호응을 받아 경제 난국을 돌파하는 데 성공했다. 외환 위기의 책임은 한나라당에 있었는데, 박근혜는 마치 야당의 잘못 때문에 그런 상황이 벌어졌다고 주장하는 듯하다.

얼마 뒤 이회창 후보를 지지하는 텔레비전 지원연설에서 나는 국민들에게 진심으로 호소했다.

●●● '잘살아보세' 노래가 처음 국민에게 소개되었을 때 아버지는 그렇게 처량한 생각이 들 수가 없다고 하셨습니다. 우리가 얼마나 못살았으면 '잘살아보세'를 저렇게 외쳐야 하나 해서 드는 서글픔이셨겠죠. 그런데 근대화를 이룩하고 경제가 안정되자 언제 그랬냐는 듯이 그 노래가 기운차게 들리더라고 말씀하셨습니다. 바로 그 고난을 이겨내며 전쟁의 폐허 위에서 오늘의 조국이 건설되었습니다. **(자서전 175~176쪽)**

박근혜가 말하는 '전쟁의 폐허 위에서' 건설된 '오늘의 조국'은 외환위기로 경제적 파탄 직전까지 이른 바로 그 대한민국이 아닌가?

어쨌든 박근혜의 정계 데뷔는 대성공이었다. 정치인으로서 능력을 검증받은 적이 없는 그가 화려하게 정치 무대에 등장할 수 있었던 배경에는 박정희의 '지도력'에 대한 향수, 그리고 영남을 중심으로 한 '반김대중 정서'가 강하게 자리 잡고 있었다고 볼 수 있을 것이다.

김대중이 대통령에 취임한 지 한 달 남짓이 지난 1998년 4월 2일, 부산, 대구, 문경에서 국회의원 재보궐선거가 치러졌다. 박근혜는 일제 강점기에 박정희가 교편을 잡았던 문경(예천 포함) 선거구에 출마하라는 주민들의 권유를 사양하고 대구 달성에 한나라당 후보로 나섰다. 당시 여당 후보는 달성군 출신으로 '지역을 탄탄하게 관리해온 사람'이었다고 한다.

"이 사실을 안 주변 사람들은 '무엇 때문에 그렇게 위험한 길을 가려고 하느냐'며 달성 출마를 반대했다. 고민스럽기는 했지만 나는 어렵지 않게 결론을 내렸다. 내가 정치를 하려는 이유가 무엇인가. 설령 지는 한이 있더라도 이왕 한나라당을 돕기로 했다면, 가장 힘든 곳에서 가장 어려운 상대를 이겨야 당에 도움이 될 것이라는 판단을 내렸다." **(자서전 179쪽)**

박근혜는 하루 20시간씩 강행군을 하면서 선거운동을 한 결과, 상대편 후보를 더블스코어로 따돌리고 당선되었다. '선거의 여왕'이라는 '신화'가 거기서 싹트기 시작했다.

국회의원이 된 지 2년 뒤인 2000년 5월 31일, 박근혜는 서울 잠실 체육관에서 열린 한나라당 전당대회에서 최병렬을 포함한 4명과 함께 부총재로 뽑혔다. 그는 '민주화된 정당', '정책 정당', '정보화 정당'을 공약으로 내세웠다.

2002년의 제16대 대통령선거를 앞두고 박근혜는 대선에 출마하기로 결심했다. "당의 민주화와 투명화를 위해 많은 주장을 했지만, 나의 주장이 '황야의 메아리' 같다는 느낌이 들 때가 한두 번이 아니었기 때문"이라고 한다. 그는 한나라당 총재이자 유력한 대선후보인 이회창을 상대로 "총재직을 대선 전에 폐지해서 당권과 대권을 분리하고, 상향식 공천제로 공천제도를 개혁하고, 당의 재정운영을 투명화하고, 대선후보 경선에 국민참여경선제도를 도입하자"고 주장했다. 그러나 2002년 2월 27일에 열린 한나라당 중앙위원회에서 '총재직 폐지 및 대선후보와 총재 분리 등'이 배제되자 박근혜는 이튿날 탈당했다.

박근혜는 4월 26일, "국익을 최우선으로 하는 정당으로서 온 국민이 하나 되는 대통합의 민주정치 구현, 국민의 삶의 질 향상과 조국의 평화적 통일을 통해 세계 속의 위대한 선진복지국가 창조"를 목적으로 비정치권 사람들과 함께 한국미래연합을 창당했다. 그러나 이회창 후보 쪽에서 여러 사람을 통해 '다시 힘을 모으자'고 하자 "내가 탈당한 이후 한나라당이 내가 제안했던 정당개혁안을 100% 받아들였다"는 이유로 11월에 한국미래연합을 해체하고 한나라당으로 돌아갔다. "노무현 후보와는 이념과 노선, 국가관이 다르다"는 것도 복당의 한 이유였다.

2002년 12월 대선에서 이회창이 노무현에게 패배한 뒤 한나라당은 '차떼기당'이라는 오명을 뒤집어쓴 채 존폐의 기로를 헤매고 있었다. 2004년의 4·15 총선을 앞두고 한나라당은 기껏해야 50석을 넘기 어렵다는 언론의 예측 때문에 전전긍긍하고 있었다. 그때 '구세주'로 나타난 인물이 바로 박근혜였다. 그는 3월 23일 한나라당의 새 지도부를 뽑는 전당대회에서 홍사덕과 김문수를 물리치고 대표가 되었다. '선거의 여왕'이라는 '신화'가 그를 기다리고 있었다.

'차떼기당 천막당사'의 진정성은

●●● 2004년 3월 24일, 한나라당 대표로 첫 출근을 했다. 여의도 국회 앞에 위치한 10층짜리 번듯한 당사를 마주하며 섰지만, 건물 안으로 발을 들여놓지는 않았다. 나는 대표로 당선되자마자 사무총장에게 당사로 출근하지 않겠다는 뜻을 전했다. 국민이 부패했다고 실망하니 더 이상 당사 건물은 우리의 것이 아니고, 더 이상 사용해서는 안 된다는 생각이었다. 나는 당원들과 함께 건물 벽에 붙어 있던 한나라당의 현판을 떼는 작업부터 시작했다. 한나라당의 젊은 사무처 당직자와 청년 당원들이 비장한 얼굴로 현판을 조심스레 뜯어냈다. 내가 앞장을 서서 한쪽을 들었고, 젊은 당원들도 현판을 붙잡고 조심스레 걸음을 옮기기 시작했다. 그것은 우리가 부패와의 절연을 선언하고 풍찬노숙(風餐露宿)의 길로 나아가는 첫걸음이었다.

(박근혜 자서전 210쪽)

그것은 한국 현대정치사에서 볼 수 없었던 극적인 장면이었다. 비록 야당이기는 하지만, 1961년부터 37년 동안이나 집권해온 정치세력이 으리으리한 당사를 포기하고 벌판에 친 천막 안에서 살림살이를 하겠다고 나섰으니 말이다. 천막당사는 서울 여의도 중소기업전시장 터에 마련되었다. 박근혜는 천막당사 입주식에서 "말이 아닌 실천으로 개혁의 참모습을 보여 드리겠다"라고 국민에게 약속했다. 그는 입주식을 마친 뒤 명동성당을 찾아가서 '나라의 화합을 위해 더욱 몸바쳐 일하지 못한 데 대해 용서를 비는 고해성사'를 했다. 그다음에는 조계사 극락전으로 가서 108배를 드렸다. 박근혜는 그날 저녁 영락교회의 수요예배에 참석해서 '반성의 기도'를 했다.

'천막당사'와 고해성사, 108배, '반성의 기도'를 박근혜 자신이 구상하고 실천에 옮긴 것인지는 밝혀지지 않았다. 그러나 누가 아이디어를 내고 세부계획을 세웠든 간에 그것은 극적인 효과를 거둔 '정치적 이벤트'였음이 분명하다. '박근혜 주연의 정치적 쇼'라고 비판하기에는 진정성이 돋보이는 '기획'이었다.

●●●● (…) 잦은 야근을 해야 하는 당직자들의 고생은 이만저만이 아니었다. 허허벌판에 만든 천막이다 보니 흙먼지가 일어 감기와 천식에 시달리는 사람이 늘었다. 해가 떨어지는 오후가 되면 당사 안에는 냉기가 감돌았다. 난로를 피워도 추위는 가시지 않았다. (……)

추위가 가시자 이번에는 찜통더위가 찾아왔다. 날씨가 조금만 따뜻해도 천막과 컨테이너가 달궈져서 안에 앉아 있을 수 없을 지경이었다. 잠시라도 그 안에 있으면 비 오듯 땀이 쏟아졌다. (…) 특히 임신한 여직원을 대할 때면 미안한 마음이 들었다. 열악한 환경을 견디지 못해 몸살을 앓는 사람이 있을 정도로 천막당사에서의 생활은 고달팠다. **(자서전 213쪽)**

박근혜는 천막당사 생활을 75일 동안 계속한 뒤 6월 16일 강서구 염창동의 1층짜리 건물로 당사를 옮겼다. 그의 '부자 살림 털어내기'는 거기서 멈추지 않았다. 천막당사를 접으면서 시가 1천억원이 넘는다는 한나라당 중앙연수원(천안 소재)의 건물과 토지를 국가에 헌납했던 것이다.

박근혜의 한나라당이 천막당사로 옮겨가기 직전인 2004년 3월 10일, 서울중앙지검 특수1부는 대통령 노무현의 친형인 노건평을 불구속 기소하기로 했다. '민경찬 펀드 의혹'을 수사하는 과정에서 노건평이 전 대우건설 사장 남상국한테서 "사장직을 연임할 수 있도록 힘써달라"는 청탁과 함께 3천만 원이 든 쇼핑백을 받은 혐의가 확인되었다는 것이었다. 3월 12일에는 '노무현 대통령 탄핵 소추안'이 국회를 통과했다. 그가 기자회견 등에서 야당을 지지하는 발언을 함으로써 공직선거법상 공무원의 '선거 중립 의무'를 위반했으며, 자신에 대한 신임투표를 제안하고 공직선거법을 폄하함으로써 헌법을 위반했다는 것이었다.

탄핵 소추안에 대한 표결을 둘러싸고 국회에서는 의석이 압도적으로 많은 야당인 한나라당과 새천년민주당 의원들에 맞서 여당인 열린우리당 의원들이 처절한 몸싸움을 벌였다. 박근혜는 그로부터 12일 뒤에 한나라당 대표가 되어 천막당사로 이사를 했던 것이다.

국회에서 야당 의원들이 탄핵 소추안을 통과시키려고 여당 의원들을 물리력으로 제압하는 장면이 텔레비전으로 생중계되는 것을 목격한 국민들 사이에서 격렬한 비판의 소리가 일어났다. 노무현 대통령과 여당에 유리한 여론이 조성된 것이었다.

　4월 15일에 치러진 제17대 총선에서 열린우리당이 과반인 152석을 차지함으로써 '여소야대'가 '여대야소'로 바뀌었다. 그러나 '무리한 탄핵'이라는 여론에 힘입어 승리한 열린우리당에 못지않게 정치적 성과를 올린 쪽은 박근혜가 이끄는 한나라당이었다. 박근혜는 당시 상황을 이렇게 적었다.

●●● 나는 하루 두세 시간 쪽잠을 자면서 강행군을 했다. 입술이 부르트고, 무리하게 일정을 잡다 보니 유세 도중 현기증이 일기도 했다. 악수를 너무 많이 해서 손이 부어오르고 손목도 시렸다. 별별 방법을 다 썼지만, 손은 더 붓기만 했다. 나중에는 수저조차 들기가 힘들었다. 선거 닷새를 남겨놓고 손에 붕대를 감아야 했다. 하지만, 손이 부어오르는 만큼 한나라당의 지지율도 올라갔다. 처음 10석 예상했던 것이 20석 30석, 50석…당선 가능 지역이 늘어갔다. 어디를 가든 '박근혜 왔다'며 뛰어주시고, 안아주시는 국민들 때문에 더욱더 책임감이 느껴졌다. (……)

　한나라당은 4·15 총선에서 결국 121석을 얻었다. 일주일만 더 있었으면 원내 제1당이 됐을 거라며 애석해하는 사람들도 있었다. 하지만, 나는 그것이야말로 과욕이라고 생각한다. 10석도 못 건질 거라고 했던 우리에게 그것의 열두 배도 넘는 의석을 주신 국민이었다. 그 121석은 너무나 소중한, 그리고 무엇이라도 할 수 있는 숫자였다. 한나라당은 국민이 주신 너무나 감사한 121석으로 새롭게 출발했다. **(자서전 219~221쪽)**

'10석도 못 건질 거'라고 했다는 박근혜의 표현은 지나친 엄살 같지만, 어쨌든 탄핵 반대 열풍 속에서 한나라당이 121석이나 차지했다는 사실은 '선거의 여왕'이라는 칭호를 그에게 줄 만한 사건이었음이 분명하다.

그런데 박근혜는 '국민이 주신 너무나 감사한 121석'을 이끌고 국민을 위해 어떤 일을 했던가? 노무현의 참여정부와 열린우리당이 추진하던 정치·경제·사회·문화·통일 분야의 개혁에 사사건건 제동을 건 것이 한나라당 의정 활동의 중심을 이루었다.

참여정부 개혁에 딴죽걸기

　박근혜는 "정치에 입문하면서부터 정당 개혁과 정당 민주화를 줄기차게 주장했다"고 자서전에 썼다. 그는 '박근혜의 개혁은 계속된다'라는 점을 특히 강조하면서 대표를 맡은 뒤 한나라당을 민주적 정당으로 바꾸려고 어떻게 노력했는지를 이렇게 설명했다.

●●● 제일 먼저 변한 것이 의총장의 모습이다. 전에는 총재나 당 대표가 단상 위의 큰 의자에 앉아 의원들을 정면으로 바라보며 회의를 진행했다. 나는 그 의자를 치워버렸고, 의원들 사이에 앉았다. 대표도 한 명의 의원으로 돌아간 것이다. 내가 그렇게 하니까 뭔가 권위적이던 분위기가 달라졌고, 후배의원이 선배의원들 앞에서 자기 생각을 자신 있게 밝히기 꺼려하던 분위기 또한 사라졌다.

　그다음으로 의총장이 전쟁터와 시장통같이 떠들썩해졌다. 전에는 지도부가 다 결정해놓고 의총장을 형식적으로 거쳤다면, 지금은 의총장에서 모든 일을 결정한다고 해도 과언이 아니다. 의총을 거치지 않고 지도부가 함부로 뭔가를 발표할 경우, 다음 의총장은 성토장을 방불케 한다. 고

성이 오가는 건 기본이고, 누군가가 마음에 드는 발언을 할라치면 "자-
알 했어" 하는 추임새가 어김없이 들어간다. 어떤 기자들은 한나라당 의
총은 서부활극을 보는 느낌이라고 관전평을 하기도 한다.

(자서전 223쪽)

박근혜가 한나라당 의원총회를 민주적으로 운영하려고 노력한 것은
사실이다. 그런데 정작 국가와 민족의 장래에 큰 영향을 끼칠 수 있는
사회 모든 분야의 개혁에 대해서 그는 민주적이거나 합리적인 자세를
보이지 않았다. 그는 아버지 박정희가 정권을 잡고 있던 18년 동안 만들
어진 악법들, 그리고 그 이후에 수구보수세력이 기득권을 유지하려고
고수해온 법과 제도를 개혁하는 데는 완강하게 반대했다.

'탄핵 역풍'에 힘입어 2004년 4·15 총선에서 원내 과반수인 152석
을 차지한 열린우리당은 노무현의 참여정부와 함께 4대 개혁 입법이라
는 목표를 정했다. 국가보안법을 폐지하고, 사립학교법과 언론관계법을
개정하며, 과거사진상규명법을 새로 만들자는 것이었다.

참여정부와 열린우리당이 추진하던 4대 개혁 입법 가운데 한나라당
이 가장 극렬하게 반대한 것은 국가보안법 폐지였다. 한나라당 대표이
던 박근혜는 당시 상황을 이렇게 기록했다.

●●● 2004년 가을, 노무현 대통령이 한 방송에서 국가보안법 폐지를 주장
한 이후 온 나라가 이 문제로 첨예하게 대립하기 시작했다. 나는 국가보안
법 폐지를 결코 받아들일 수 없었다. 국가보안법 중에서 인권침해 우려가

있는 조항에 대해서는 개정할 수 있다는 생각을 가지고 있지만, 어디까지나 국가보안법을 유지한 채로 개정해야 한다는 입장이다.(…)

여당에서는 국가보안법 폐지안을 내고, 국회 과반수 의석이라는 숫자로 밀어붙이려고 하고 있었다. 나는 나라의 뿌리까지 흔들 수 있는 중요한 법안이 강행 처리되어선 안 된다는 생각에 무슨 일이 있어도 막아야 한다고 결심했다. 그리고 당 대표가 된 후 처음으로 법제사법위원회 회의장을 점거하면서 농성을 벌였다. **(자서전 223~224쪽)**

박근혜가 '나라의 뿌리까지 흔들 수 있는 중요한 법안' 이라고 확신하던 '국가보안법 폐지안' 은 어떤 문제를 안고 있었다는 것인가? 당시 열린우리당은 의원들 사이에서 국가보안법 폐지, 개정, 그리고 존속이라는 의견이 갈등을 빚는 것을 슬기롭게 조정하지 못하고 한나라당과 보수언론의 결사적 반대에 밀려 그 법을 한 자도 고치지 못했다. 그 결과 지금의 한국 사회는 어떻게 되어 있는가? '국가보안법 긴급대응모임' 대표 박래군은 현실을 아래와 같이 진단한다.

●●● (…) 유엔의 인권기구에서 매번 날아드는 국가보안법 폐지 권고는 무엇이란 말인가. 심지어 우방이라는 미국에서조차 연례보고서에서 매년 국가보안법의 전면적인 개정 또는 폐지를 권고하는 것은 무엇으로 설명할 수 있는가. 국제인권단체들은 왜 또 국가보안법의 폐지를 요구하고 있는가.

(…) 국가보안법이 63년을 넘어 존속하고 있는 한국 사회는 비정상사회다. 상식이 통하지 않는 이해할 수 없는 사회로 국제사회는 한국을 바라보고 있

다. (…) 국가보안법으로 매일 사람들이 입건되고 있고, 자신의 주장과 조금이라도 다른 주장을 하는 이들을 '좌빨'이라고 매도하는 보수진영과 언론들의 주장은 사실 비상식적이다.

이제 상식의 눈으로 국가보안법 상황을 바라보고, 이 법의 폐지를 위해 노력할 때다. 거기에는 보수와 진보가 따로 없다. (…) 진정으로 자유민주주의를 원하는 이들이라면 국가보안법의 폐지에 먼저 나서야 하는 게 상식에 맞다. 왜냐하면, 자유민주주의는 사상의 자유, 의견의 자유로운 표현을 옹호해야 하는 체제이기 때문이다."

('국가보안법 폐지 이념 아닌 상식의 눈으로 보자' 프레시안 2011년 12월9일자)

박근혜는 지금 여당인 새누리당을 실질적으로 지배하는 유력자이다. 당 대표와 원내대표를 비롯한 요직에 '박근혜의 사람들'이 포진해 있기 때문이다. 그가 12월 대통령선거에 후보로 나선다면, 아직도 국가보안법이 '국가의 뿌리까지 흔들 수 있다'고 보는지 그렇지 않은지에 관해 명확한 견해를 밝혀야 할 것이다.

●●● 참여정부 시기의 '4대 개혁 입법' 가운데 박근혜가 이끄는 한나라당이 가장 끈질기게, 가장 오래 반대한 것은 '사립학교법 개정안'이었다. 박근혜는 여당이 제출한 그 법안을 이렇게 평가했다.

도대체 무엇을 위해 제대로 된 학교 하나 없던 가난한 시절에 사재를 털어 학교를 세우고 인재를 길러 낸 대부분의 건전한 사학들까지 그렇게 매도하는지 상식으로 이해할 수가 없었다. 결국, 특정 이념을 가진 집단이 이사회에 들어가 학교 교육을 마음대로 휘젓겠다는 의도로 해석할 수밖에 없었다.

(자서전 261쪽)

2005년 12월 9일, 한나라당은 '여당이 사립학교 개정안을 날치기로 통과시켰다'고 주장하면서 국회에서 항의 농성을 시작했다. 개정된 사립학교법은 개방형 이사제를 도입함으로써, 이사진의 4분의 1이 학교운영위원회(대학평의원회)가 추천하는 외부인사로 채워지도록 했다. 그리고 이사장의 배우자와 직계존비속 등은 학교장에 임명될 수 없으며, 이사회의 구성에서 친족관계에 있는 자의 비율을 '현행 3분의 1에서 4분의 1로' 줄였다. 또 내부감사를 강화하기 위해서 감사 1인을 학교운영위원회가 추천하게 하고 예산·결산 공시를 의무화했다. 개정된 사립학교법은 수십 년 동안 '부정과 비리의 온상'이라는 비판을 받아온 일부 사학을 정상적인 운영체제로 바꾸자는 것이었다. 바르고 합리적인 재단 경영을 해온 사학들이라면 그 법에 반대할 이유가 별로 없었을 것이다.

박근혜는 대국민 담화를 통해 "이 땅의 부모들과 함께 사학법 반대투쟁에 나서겠습니다."라고 밝힌 뒤 장외투쟁에 들어갔다. 그 투쟁은 2006년 1월 31일 여야 원내대표가 사학법 재개정을 논의하기로 합의할 때까지 계속되었다.

노무현이 강한 의지로 열린우리당과 함께 추진하던 언론관계법 개정 역시 한나라당과 보수언론의 거센 반대에 부닥쳐 애초의 뜻을 관철하지 못했다. '시장 지배적 사업자에 대해 공정거래법상 규제를 도입함으로써 조선·중앙·동아일보의 독과점을 막겠다'는 취지로 여당이 상정한 '신문법 개정안'은 실질적으로 효과를 낼 수 없는 타협안으로 통과되었다. 열린우리당은 "1개 일간지의 시장점유율이 30% 이상이거나 3개 일간지의 점유율이 60%를 초과하면 규제를 가해야 한다"는 내용을 법안에 넣었으나 한나라당이 강하게 반발하자 그 대상을 전국의 130개 일간지로 확대했다. 한나라당의 '필사적 투쟁'에 힘입어 조·중·동은 그 이후에도 신문시장 과점을 더욱 확대할 수 있게 되었다.

열린우리당이 2004년 12월 31일 국회에 낸 '과거사진상규명법안'은 '일제강점기 강제 동원 및 폭력 실태와 피해, 항일 독립항쟁, 한국전쟁 전후의 불법적 희생사건, 광복 후 국가 공권력으로 말미암은 사망·상해·실종 등'의 진상을 밝히는 것을 목표로 삼고 있었다. 그러나 한나라당 의원들은 국회 본회의장을 점거하고 법안 심의를 거부했다. 당시 국회의장 김원기의 중재로, 열린우리당과 한나라당 원내대표가 '2005년 2월 임시국회에서 법안을 처리하기로' 합의했으나 실행에 옮겨지지 않았다. 친일과 독재, 인권유린으로 얼룩진 과거를 가진 한나라당과 수구보수세력이 여당의 '과거 청산' 작업에 순순히 응할 리 없었을 것이다.

박근혜와 조·중·동의 '사랑과 미움'

박근혜와 보수언론의 관계는 뿌리가 아주 깊다. 오늘날 조선·중앙·동아일보가 박근혜에 관한 보도와 논평을 하는 것을 보면 지지와 찬양이 압도적이지만, 과거를 돌이켜보면 세 신문이 박근혜에 대해 언제나 우호적이지는 않았다.

그 까닭은 무엇일까? 단적으로 말하면, 언제나 조·중·동은 현실적으로 가장 강력한 권력을 지니고 있거나 장차 권력을 장악할 가능성이 가장 큰 인물의 '대변지'가 되려는 경쟁을 벌여왔기 때문이다. 그것도 수구보수세력의 '수장'이 될 수 있는 정치인에 대해서만 그렇게 할 뿐이지, 상대적으로 진보적 성향이 강한 인물이 집권하려고 시도하는 경우에 조·중·동은 적극적으로 '훼방'하는 행태를 보여왔다.

1997년 12월 10일, 제15대 대통령선거를 8일 앞두고 박근혜가 한나라당 후보 이회창을 지지한다고 발표하면서 선거운동에 뛰어들자 조·중·동은 그것이 '일대 사건'이라는 듯이 보도했다. 아버지 박정희의

'정치적 유산'이 현실에서 빛을 발해 이회창에게 큰 도움이 되리라는 뜻이었다. 그러나 박근혜라는 '원군'이 갑자기 나타났지만, 이회창은 새정치국민회의 후보 김대중에게 패배했다. 충청도를 기반으로 하는 보수정당인 자민련을 이끄는 김종필이 이른바 'DJP 연합'을 통해 한나라당에 결정타를 날렸기 때문이다.

선거를 앞두고 일찍이 형성된 '이회창 대세론'을 철석같이 믿던 수구보수세력과 조선·중앙·동아일보가 큰 충격을 받았음은 물론이다. 4월혁명 뒤의 7·29 총선을 빼면 한국 정치사상 처음으로 이루어진 정권교체에 대해 보수 진영은 한동안 침묵을 지켰다.

그러나 그들의 공세는 오래지 않아 시작되었다. 김대중 정부가 1998년 2월 25일에 들어선 뒤 한 달 남짓 만에 치러진 4·2 재보궐선거 때 대구 달성에 출마해서 압승한 박근혜는 심리적 공황 상태에 빠진 한나라당의 '별'이 되었다. 수구보수세력이 다시 기운을 차리고 일어나자 조·중·동은 '박근혜 띄우기'에 박차를 가했다.

그렇다고 해서 박근혜가 '차기 대통령'에 대한 집착을 버리지 못하는 '제왕적 총재' 이회창을 넘어설 수는 없었다. 박근혜가 조·중·동의 적극적 지원에 힘입어 정치지도자로 성장할 수 있게 된 것은 이회창이 2002년 12월 제16대 대통령선거에서 패배하고 난 뒤였다. 한나라당은 대선에서 거듭 지고 나서 '차떼기당'이라는 오명을 쓰고 있었다. 앞에 썼듯이, 2004년 3월 하순에 한나라당 대표가 된 박근혜는 이회창이 남기고 간 '폐허' 위에 '천막당사'를 짓고 와신상담하면서 유력한 차기 대선후보로 떠올랐다.

2006년의 제4회 지방선거 유세에 나선 한나라당 대표 박근혜가 5월 20일 저녁 서울 신촌 현대백화점 앞에서 지충호라는 50대 초의 남자한테 테러를 당하는 사건이 일어났다. 그는 연단에 오르는 박근혜의 목 언저리를 문구용 칼로 공격해서 길이 10센티미터가 넘는 상처를 입혔다. 다행히 치명상을 입지 않은 박근혜는 병원으로 옮겨져 응급치료를 받고서 회복하기까지 오랫동안 고생을 했다고 알려졌다.

조·중·동을 비롯한 보수언론은 수술을 받고 나서 박근혜가 했다는 첫마디인 "대전은요?"를 대서특필했다. 박빙이라는 대전시장 선거를 가장 먼저 걱정했다는 것이었다.

박근혜에 대한 테러, 그리고 생명의 위협을 느낄 정도의 비상한 상황에서 그가 보인 '비장한 태도'가 지방선거에 결정적 영향을 끼친 것은 아니겠지만, 한나라당은 유례가 없는 압승을 거두었다. 서울·부산·대구·인천·대전·울산 시장을 비롯하여 경·남북과 경기·강원, 충·남북의 지사를 모조리 차지했다.

집권당인 열린우리당이 기초단체장 선거에서 겨우 19명을 당선시킨 데 비해 한나라당은 무려 155명이나 되었다. 광역자치의원은 열린우리당 33명에 한나라당 518명이었다. 노무현의 참여정부는 집권한 지 3년 3개월만에 중앙권력 말고는 기댈 데가 없는 약체정권으로 전락해야만 했다. 조·중·동은 이미 '선거의 여왕'으로 알려진 박근혜에게 더 크고 빛나는 '왕관'을 씌워주었다. 누가 보기에도 박근혜는 한나라당의 가장 유력한 대선 후보였을 것이다.

5·31 지방선거가 끝난 지 보름 남짓이 지난 2006년 6월 16일 박근혜는 한나라당 대표직을 사퇴했다. '당권과 대권을 분리한다' 는 방침에 따른 것이었다. 박근혜와 경쟁할 사람들 가운데서는 전 서울시장 이명박이 가장 앞서 가고 있었다. 현대건설 회장 출신인 그는 '경제난국' 을 해결할 듯한 경영자 출신 정치인으로서, 그리고 청계천 복원과 시내버스 노선 개편처럼 그가 자랑하는 '업적' 때문에 대중의 인기를 얻고 있었다.

본격적인 대통령 후보 경선이 시작되자 조·중·동을 비롯한 보수언론의 논조는 이명박을 적극 지원하는 쪽으로 쏠리기 시작했다. 한나라당의 '후보검증 토론회' 에서 박근혜 진영이 'BBK 실소유주는 이명박 후보' 라는 근거와 방증을 제기해도 조·중·동은 대수롭지 않게 다루면서 오히려 이명박 진영이 문제 삼는 '박근혜와 최태민의 관계' 같은 스캔들을 부각시켰다. 경선 결과는 이명박의 '신승' 이었다. 박근혜는 일반 당원, 대의원, 국민선거인단 경선에서 모두 이겼지만, 전화상 1표를 실제의 5표로 환산하는 여론조사에서 뒤져 분패했다.

2007년의 대통령 후보 경선에서 박근혜와 조·중·동의 '밀월' 이 '적대관계' 로 바뀌자 박근혜 캠프는 '초상집' 이나 마찬가지였다고 한다. '박사모(박근혜를 사랑하는 모임)' 회원들 사이에서는 조선·중앙·동아일보를 보지 말자는 주장까지 나왔다. 박근혜 캠프에서 공동선거대책위원장을 맡던 조선일보사 부사장 출신 안병훈은 2007년 10월 1일 오마이뉴스와의 인터뷰에서 "막판에 우리도 언론을 다 포기했다"면서 '언론계 40년을 절실하게 반성한다'고 말했다.

●●○ 안병훈은 한나라당 대선후보 경선 과정에 나타난 문제점을 구체적으로 적시했다. 그는 조선일보 정치부 기자들을 만났을 때 '우리 눈에는 편파라고 비쳐진 것에 대해서, 적어도 경선 때는 이명박이나 박근혜나 똑같이 좀 취급해 달라, 그리고 본선에 가서 자기네들이 한나라당 후보에 힘을 실어주려면 실어주고, 한나라당끼리 좀 싸우는 것은 그냥 이렇게(편파로 비치지 않게 보도) 해달라'고 당부했다. (……)

안병훈은 조선일보 방상훈 사장을 만난 자리에서도 여론조사 보도에 문제가 있음을 지적했다고 밝혔다. '(언론들의 편파 보도 가운데) 제일 문제가 된 것이 여론조사다. (…) 엉뚱한 여론조사를 너무 자주 했다. 당심에서는 우리가 432표를 이겼는데, 언론사들의 여론조사 예측대로라면 우리가 1만 몇천 표를 졌어야 한다. (…) 내가 방 사장을 만난 자리에서 조선일보에 항의한 것은, 왜 조선일보가 이명박 캠프의 고문인 최시중 씨가 대주주로 있는 한국갤럽과 여론조사를 해서 보도하느냐는 거였다. 조선일보 여론조사 나올 때마다 우리 캠프는 초상집이었다. **(손석춘 〈박근혜의 거울〉 69~70쪽)**

2007년 한나라당 대선후보 경선에서 간발의 차이로 패배한 박근혜는 이명박과 조·중·동을 향해 절치부심했을 것이다. 그는 이명박 정부가 들어선 뒤 한나라당 안에서 이른바 '친박근혜 세력'의 수장으로서 정치적 줄다리기를 계속했다. 2008년 4월의 18대 총선을 앞둔 3월 12일, 박근혜 자신은 한나라당에 머문 상태에서 '친박 인사들'이 그 당을 떠나 미래한국당을 만들었다. 한나라당 후보 공천 과정에서 탈락한 박근혜계 정치인들이 중심이었다. 그 당은 3월 21일 '친박연대'로 이름을 바꾸었다. 한국 정치사상 최초로 개인의 성을 딴 정당이 나타난 것이었다. 친박연대는 정당 지지율 13%로 자유선진당을 제치고 3위를 기록하면서 지역구에서 6석을 얻어 14석을 확보했다. 실질적 보스인 박근혜가 한나라당에 남아 있는 상황에서 놀라운 정치적 성과를 거둔 셈이었다.

2011년 후반기에 들어 이명박 정권은 대통령 친인척과 측근들의 부정·부패, 국정 운영의 난맥, 갈수록 심해지는 빈부 격차를 비롯한 사회·경제적 모순 때문에 비틀거릴 수밖에 없었다. 며칠이 멀다 하고 터지는 추문과 '이명박계' 정치인들의 실책과 추태 때문에 한나라당은 존립이 위태로울 지경이 되어버렸다. 이런 상황은 박근혜가 자연스럽게 한나라당을 '접수'할 수 있는 절호의 기회가 되었다.

박근혜는 2011년 12월 19일 한나라당 비상대책위원회 위원장으로 추대되었다. 그는 2012년 4월 11일에 치러질 19대 총선에서 참패할 것이라고 예상되던 한나라당을 이끌고 '선거의 여왕'이라는 '신화'를 되살리는 데 나섰다. 조선·중앙·동아일보를 비롯한 보수언론은 이명박 정권의 갈짓자걸음이 날이 갈수록 더 어지러워지자 미래권력 1순위인 박근혜를 향해 '구애의 손길'을 뻗고 있었다.

한나라당은 2012년 2월 13일 전당대회 수임기구인 전국위원회를 열어 당헌·당규 개정안을 의결하고 이름을 새누리당으로 바꾸었다. 박근혜가 비대위원장으로 취임한 지 56일만의 일이었다. 박근혜는 새누리당을 이끌고 4·11 총선에 나섰다. '이명박 심판'이라는 야당의 공세와 여론의 호응, 그리고 야권 연대 때문에 새누리당이 참패하리라는 예측이 압도적이었다. 그러나 선거운동이 진행되는 과정에서 그런 예측은 빗나가기 시작했다. 박근혜를 중심으로 한 비상대책위원회의 전략과 조·중·동이 주축이 된 보수언론의 새누리당 지원이 차츰 강력한 효과를 보였던 것이다.

무엇보다도 먼저, 총선을 앞두고 야권의 공천 과정에서 터진 사건들이 보수언론에는 더할 나위 없이 좋은 먹잇감이 되었다. 서울 관악을 지역구에서 벌어진 야권 단일화 경선에서 통합진보당 이정희 후보 진영이 저지른 '모바일 연령대 조작', 민주통합당이 서울 노원갑에 전략적으로 공천한 '나꼼수' 공동진행자 김용민의 '막말 파동', 그리고 민주통합당 지도부가 공천 과정에서 보인 난맥상 등이 바로 그것이었다.

조·중·동은 새누리당 후보들의 비윤리적 행위나 파렴치한 추문에 대해서는 관대하거나 아예 외면하는 보도 행태를 보였다. 올림픽 태권도 금메달리스트로서 부산 사하갑에 출마한 문대성의 박사학위 논문 표절, 그리고 포항시(남)·울릉군 후보로 공천된 김형태의 '제수 성폭행 미수'가 대표적인 보기였다.

심지어 이명박 대통령의 최측근인 전 방송통신위원장 최시중의 수뢰 사건과 대통령의 친형인 이상득을 둘러싼 온갖 부정·비리 혐의도 조·

중·동에서는 야권의 단편적 사건들보다 하찮은 일로 다루어지곤 했다.

조·중·동과 한편이 되어 새누리당 '선거운동'을 벌이다시피한 것은 지상파방송인 KBS와 MBC였다. KBS 새노조와 MBC 노조가 파업을 벌이는 가운데 보도의 중심이 와해된 상태에서 두 방송은 편파적 기사와 논평을 내보내면서 '조·중·동 프레임'에 가세했다.

결국, 대다수 여론조사기관의 예측을 뒤엎고 새누리당은 의회 과반수인 152석을 얻었고, 민주통합당은 127석, 통합진보당은 13석에 그쳤다. 보수언론은 다시 박근혜를 '선거의 여왕'이라고 추켜세우면서 그의 '대선 가도'에 붉은 카펫을 깔았다. 조·중·동이 지난 15년 동안 박근혜에게 보인 '사랑과 미움'의 사이클이 이번에는 '극진한 사랑'으로 나타난 것이었다.

과연 박근혜는 4·11 총선에서 거둔 승리 덕분에 새누리당 차기 대선 후보로 입지를 확실하게 다진 것일까?

박근혜 '대세론'과 '한계론'

2012년 4월 11일 제19대 총선에서 새누리당이 원내 과반인 152석을 얻는 승리를 거두자 12월 대선과 관련해서 '박근혜 대세론'이 굳어졌다는 주장이 여기저기서 나왔다. 특히 새누리당 안의 '친박계'와 보수언론에서 그런 소리가 높았다.

총선이 치러지기 여러 달 전부터 여론조사에서는 민주통합당과 통합진보당의 '야권 연대'가 압승을 거두리라는 예측이 우세했다. 박근혜가 비상대책위원회를 이끌던 새누리당은 공천 신청 마감날까지 신청자가 적어 기한을 연장할 정도였다. 그러나 박근혜를 사령탑으로 한 새누리당은 여론조사기관들의 예상과 야권의 압승 기대를 여지없이 무너뜨렸다. 그 여세를 몰아가면 박근혜가 12월의 18대 대통령선거에 나설 새누리당 후보로 선출되는 것은 기정사실처럼 보였다.

선거 결과를 보면 새누리당과 박근혜에게 고무적인 요소가 아주 많았다. 먼저, 정당득표율을 보면 새누리당이 42.09%로 민주통합당의

38.52%보다 4%포인트쯤 앞섰다. 새누리당 지역구 후보들이 얻은 표를 합하면 932만여 표로 민주통합당의 815만여 표를 크게 앞질렀다. 새누리당은 2011년 4월 재보궐선거에서 도지사와 국회의원 일부를 민주당에게 내주었던 강원도에서 패배의 기억을 날려버리기에 충분할 정도로 4 · 11 총선에서는 9석을 독차지했다. 충북에서도 예상밖의 성과를 거두었다.

박근혜 대세론을 뚜렷이 뒷받침하는 자료가 총선 직후에 나타났다. 중앙일보가 한국갤럽에 의뢰해서 실시한 여론조사 결과를 보면 박근혜와 안철수가 대선에서 양자 대결을 하면 박근혜가 45.1%로, 35.9%의 안철수를 9.2%포인트나 앞서는 것으로 되어 있었다. 총선 이전에 안철수가 오차범위 안에서 앞서던 것과는 판이하게 다른 수치였다.

박근혜는 총선 승리의 여세를 몰아 새누리당의 명실상부한 '지배자' 자리를 굳히는 작업을 일사천리로 추진했다. 5월 15일에 열린 전당대회에서 뽑힌 최고위원은 황우여(당 대표), 이혜훈, 심재철, 정우택, 유기준이었다. 원내대표인 이한구와 정책위의장 진영이 포함된 최고위원회의 구성원 7명 가운데 '친이명박계'로 분류되는 심재철만 빼고는 모두가 '박근혜의 사람들'이다. 게다가 5월 22일에 임명된 사무총장 서병수조차 친박계이므로, 새누리당은 박근혜의 '사당(私黨)'이라는 소리가 나올 수밖에 없었다.

전당대회에서 당 지도부가 구성되자 박근혜는 149일만에 비상대책위원장 자리에서 물러났다. 그는 아무런 당직도 갖지 않았으므로 '박근혜 의원'일 뿐이다. 그러나 박근혜가 실질적으로 '섭정'하리라는 것은 기정사실로 보인다. 그는 아버지 박정희가 즐겨 쓰던 '친정체제'를 구축하고 대통령선거를 향해 독주체제를 굳히는 데 전념할 듯하다.

그러나 새누리당 안에서는 물론이고 정치권과 언론에서도 '박근혜 대세론'에 이의를 제기하는 소리가 높다. 그런 주장의 근거를 상세하게 살펴보기로 하자.

부산일보는 5월 16일자 기사('박근혜 친정체제 약 될까 독 될까')에서 이렇게 전망했다.

●●● 정치권에선 대선을 앞둔 박근혜 전 비대위원장에게 당장은 약이 되겠지만 상황에 따라선 독이 될 수도 있다고 경고하고 있다. 친박 일색의 지도부 구성은 당장 '박근혜 대세론'에 동력을 제공하겠지만 한편으로는 '수렴청정' 등 부작용에 대한 우려도 만만치 않기 때문이다.

집권여당이 '수렴청정' 체제 논란에 휩싸이는 것은 심각한 일이다. 앞으로 19대 국회가 개원하고 여야가 중요한 현안에 대해 대표 회담, 원내 대표 회담을 할 경우 당 최고 책임자인 그들이 아니라 최종 결정 권한이 다른 이에게 있다면 여야 회담은 겉은 화려하고 속은 빈 '형식적인 자리'가 될 수도 있기 때문이다.

4·11 총선에서 박근혜와 새누리당을 절대적으로 지지했던 조선일보조차 5월 16일자 신문에 '지도부 6명 친박…박근혜 체제 완성'이라는

제목을 큼지막하게 뽑았다.

박근혜 대세론이 허구라고 주장하는 사람들의 대표적 논거는 4·11 총선에서 드러난 새누리당 지지자들의 지역별, 세대별 분포이다.

새누리당은 경남·부산과 경북·대구, 그리고 강원도에서는 압승을 거두었지만, 수도권에서는 참패했다. 서울·인천·경기의 112석 가운데 민주통합당의 65석보다 훨씬 적은 44석을 차지했다. 역대 대통령선거에서 수도권에서 크게 뒤진 정당이 승리한 전례가 거의 없다는 사실에 비추어 보면 새누리당과 박근혜로서는 '암울한 실적'이었을 것이다. 그리고 새누리당 지역구 후보들의 총 득표수는 912만여표인 데 비해 야권연대(민주통합당과 통합진보당)는 990만여표였다.

총선 직후에 터진 통합진보당의 '비례대표 부정경선' 문제 때문에, 오는 12월의 대선에서 야권 연대가 이루어진다 하더라도 지난 총선 때만큼 표가 나올 것인지는 불분명하지만, 새누리당에 대한 '잠재적 반대표'가 총선 때보다 크게 줄어들리라고 단정할 수는 없을 것이다.

박근혜 대세론에 찬물을 끼얹는 요소로서 아주 두드러진 것은 2040(20대부터 40대까지)에서 박근혜에 대한 거부감이 매우 크다는 사실이다. 리얼미터가 2012년 4월 23일 밝힌 여론조사 결과를 보면, 박근혜와 안철수의 '대선 양자구도' 지지율에서 박근혜가 49.2%로 45.0%의 안철수를 오차범위 안에서 앞선 것으로 나타났다. 그러나 연령별로 본 안철수 대 박근혜 지지율은 20대에서 62.6%대 30.2%, 30대에서 59.9% 대 34.4%, 40대에서 51.0% 대 44.6%였다.

만약 12월의 대선을 앞두고 안철수와 야권의 후보가 국민경선을 통해 단일화를 이룬다면 2040뿐 아니라 다른 연령대의 지지율까지 크게 오를 것이다. 단, 통합진보당 문제를 비롯한 야권의 악재들이 상당 부분 해소되는 것을 전제로 하는 말이다.

새누리당 안에서 대통령 후보 경선에 나설 것으로 보이는 정치인들은 박근혜 대세론에 제동을 걸면서 집중공격을 퍼부었다. 4월 22일, 가장 먼저 대선 출마 선언을 한 경기도 지사 김문수, 29일 그 뒤를 이은 국회의원 정몽준, 그리고 국회의원 이재오와 전 대통령실장 임태희는 박근혜의 당내 1인 독재, 소통능력 부재, 정책적 한계를 비판했다.

●●● 이들 목소리는 게임(대선 경선)의 룰 문제에서 더 증폭된다. 완전국민경선제 도입에 완강히 반대하는 박 위원장의 태도가 '불통정치'를 증명한다는 것이다. 박 위원장은 이회창 대세론이 우세하던 2002년 한나라당 경선을 앞두고 '경선을 지금 방식대로 하면서 대의원 숫자를 조금 늘리는 것이라면 (나는) 들러리를 서는 것밖에 안 된다'며 경선규칙 개정을 요구한 바 있다. 하지만 현재는 '선수가 경기 룰에 맞춰야 한다'는 입장에서 움직이질 않는다. 김문수 지사는 '2002년에 (박 위원장도) 선수였는데 이회창 대세론 때문에 경선의 룰을 고쳐 달라지 않았느냐'고 꼬집는다. 임태희 전 실장도 '표 확장력을 가진 후보들이 더 많이 참여하도록 경선 룰도 적합하게 바뀌어야 한다'고 힘을 싣고 있다." **(한겨레 5월1일자)**

박근혜의 경쟁자로 나선 이른바 '비박 주자들'은 여러 여론조사에서 40%가 훨씬 넘는 지지율을 얻고 있는 박근혜에 비하면 2% 안팎을 맴도는 경량급에 불과하다. 그러나 그들이 새누리당 경선 과정에서 한목소리로 '박근혜 한계론'을 주장한다면 여론에 상당한 영향을 끼칠 수 있을 것이다.

한겨레와 한국사회여론연구소가 실시한 5월 정기 여론조사에서 실제로 그런 징표가 나타났다. 비박 주자들이 주장하는 완전국민경선(오픈 프라이머리) 도입에 대한 찬성이 54.6%로 반대 35.5%보다 19.1%포인트나 높았던 것이다.

비박 주자들은 "대의원 2, 책임당원 3, 일반 국민 3, 여론조사 3의 비율로 경선 선거인단을 구성해서 대선 후보를 뽑는 현행 경선 룰은 민심을 제대로 반영할 수 없다"면서 일반 국민으로만 선거인단을 구성해야 한다고 주장하고 있다. 위의 여론조사에서 새누리당 지지층 360명을 대상으로 의견을 물은 결과, 완전국민경선 찬성이 50.5%로 반대 41.0%보다 높은 것으로 드러났다.

여론조사에서 나타나는 이런 지표는 박근혜 대세론에 치명상을 입힐 가능성이 크다. 현재 새누리당의 집행부를 거의 완전히 장악하다시피 한 박근혜가 2002년의 이회창처럼 '제왕적 총재' 같은 행태를 보인다면 현재 대선 후보 지지율에서 1위를 달리는 그에 대한 비판적 여론이 점점 강해질 가능성이 크기 때문이다.

'박근혜 친정체제'가 세워지던 5월 15일의 새누리당 전당대회에서 이미 '1인 독주'의 경직성이 드러났다는 보도가 있었다.

●●● 확실히 조용했다. 아니 싱거웠다는 표현이 옳았다. 시끌벅적한 한나라당 시절 전당대회를 기억한다면 더욱 그랬다. 창당 이후 처음인데다 대선을 7개월 앞두고 열린 전대였다. 더구나 차기 대선의 유력주자가 이끄는 집권여당이라는 점에서 관심을 끌 만한 요소는 곳곳에 있었다.

하지만, 이번 전대는 처음부터 높은 열기를 기대하기 힘든 구조로 흘러갔다. 5월 초부터 당대표와 원내대표 사전내정설이 나오면서 바람이 빠졌다. (…)

흥행 부진 징조는 전날 예견됐다. 5월 14일 당원·청년 선거인단 투표율은 14.1%에 그쳤다. 당원·청년 선거인단 20만 6,182명 중 2만 9,121명 만이 투표에 참여했다. **(주간경향 5월29일자)**

4·11 총선에서 대승을 거둔 새누리당의 축제 분위기가 겨우 한 달 만에 '썰렁한 전당대회'로 변질된 것은 박근혜를 정점으로 하는 그 정당의 활력이 급격히 떨어지고, 조직이 경직되는 것을 상징한다고 보아야 할까? 이런 현상을 보면서 박근혜 대세론보다 한계론에 무게가 더 실리는 시기가 오리라고 예상할 수도 있을 것이다.

박근혜는 누구 편인가

    한나라당 대선 후보 경선에 참여한 박근혜는 2007년 2월 6일, 전남 여수에서 열린 '세계박람회 유치위원회 초청 특강' 에서 자신의 이념 성향에 관해 이렇게 말했다.

    ●●● "나는 중도라고 생각한다. 2년 3개월 동안 대표로서 당을 대신해서 국민과 국익의 입장에서 어느 한쪽에 치우치지 않고 정책과 노선을 정해왔다. 그게 중도." 그는 자신을 중도로 보지 않는 일부 시각에 대해 "(주변에서) 무의식적으로 '한쪽으로 치우친 게 아니냐' 며 옛날에 해왔던 말을 그대로 하는 경향이 있다"면서 "어떤 부분이 치우쳤느냐고 물으면 답을 못한다. 국익을 위한 길에서 어디에도 치우치지 않았다고 설명하면 반론을 들어본 적이 없다"라고 반박했다. **(연합뉴스 2007년 2월6일자)**

    사전에 나오는 '중도(中道)' 의 뜻은 '어느 한 쪽으로 치우치지 않는 바른 길' 이다. 박근혜는 이런 의미로 중도라는 말을 쓴 것 같다. 그런데 '국익을 위한 길에서 어디에도 치우치지 않았다' 는 그의 말은 사상이나 이념의 차원에도 적용되는 것인가? 그렇지는 않은 것이 분명하다. 박근혜의 언행에서 그런 사실이 명확히 드러나기 때문이다. 박근혜는 2005년 11월 7일에 열린 '뉴라이트 전국연합' 창립대회에서 이렇게 말했다. "뉴라이트 전국연합과 한나라당의 길은 다르지 않다. 오늘날 우리는 나라의 정체성을 분명히 하고 나라의 운영 방향을 과거에서 미래로, 분열에서 통합으로, 정치게임에서 경제 살리기로 바꿔야 한다."

2007년 3월 20일 경북 영주시에서 열린 '뉴라이트 영주연합 창립대회'에서 박근혜는 자신의 이념적 성향을 더욱 분명하게 밝혔다. "제가 꿈꾸는 사회도 바로 뉴라이트가 꿈꾸는 사회와 같다. 법치주의가 확립되고, 공권력이 바로 서고, 부정부패를 뿌리 뽑아야 하며 땀 흘린 만큼 보상받고, 성공할 수 있는 나라를 만들어야 한다." 이런 주장에 이의를 제기할 수는 없을 것이다. 뉴라이트가 그런 일에 앞장선다면 누가 반대하겠는가? 그런데 문제는 뉴라이트가 현실적으로 어떤 일을 하고 있는지, 그리고 박근혜가 뉴라이트가 하는 일에 전적으로 동의하는 지이다.

박근혜가 "뉴라이트와 같은 꿈을 꾸고 있다"고 말했을 때, 뉴라이트 전국연합만을 지칭하지는 않았을 것이다. 한국의 뉴라이트 계열 단체들은 아주 많기 때문이다. 사단법인 시대정신, 자유주의연대, 교과서포럼, 바른사회시민회의, 자유주의교육운동연합, 뉴라이트네트워크 등 이루 헤아리기 어려울 정도이다. 뉴라이트 가운데 아주 활발하게 움직이는 조직의 하나인 교과서포럼을 보기로 삼아 박근혜가 꿈꾸는 사회가 어떤 것인지를 살펴보자.

2005년 1월에 출범한 교과서포럼은 '우리나라 중고등학교 교과서 내용들이 갖는 문제점을 지적하고 이를 개선하고자 하는 지식인의 모임'이라고 밝혔다.

●●● 교과서포럼은 과거에 국가 권력을 장악하고 이데올로기 공세를 가했던 보수세력이 모인 단체로서 시민운동 방식으로 문제 제기를 하면서 등장했다. 2008년 보수정권이 출범하자 교과서포럼은 그들의 입장을 담아 뉴라이트 교과서를 출간했다. (…)
　교과서포럼은 한국 근현대사 교과서가 '자학사관', '민중 · 민족에 갇힌' '좌파적' 입장에서 서술되었다고 비판하면서 식민지 근대화론, 대한민국의 정통성, 박정희 시대의 긍정적 재평가를 주장했다.

(역사교육연대회의 지음 〈뉴라이트 위험한 교과서 바로 읽기〉 47~48쪽)

'식민지 근대화론'이란 일제가 조선을 병탄한 뒤 식민통치를 통해 근대화를 이루는 데 기여했다는 학설이다. 뉴라이트는 '대한민국의 정통성'이 3 · 1독립투쟁의 정신을 바탕으로 1920년 중국 상하이에 세워진 김구 중심의 임시정부에 있다고 보지 않고 친미 · 보수 권력에 있다고 주장한다. '박정희 시대의 긍정적 평가'는 독재와 인권 탄압으로 얼룩진 그의 집권 18년을 중점적으로 비판하기보다는 '조국 근대화'와 수단과 방법을 가리지 않은 경제성장을 찬양하는 데 초점을 맞춘다. 이런 역사관과 정치관에 대해 박근혜가 반론을 제기하지 않는 한, 그는 '중도'라는 용어를 쓰지 말아야 할 것이다.

박근혜가 "뉴라이트 전국연합과 한나라당의 길은 다르지 않다"라고 일찍이 공언했지만, 그 당이 조금이라도 '빗나가면' 뉴라이트는 가차없이 비판을 가했다. 박근혜가 이끄는 비상대책위원회 회의에서 김종인이 정강·정책에서 '보수'를 빼자고 제안하자 뉴라이트전국연합은 2012년 1월 9일 아래와 같은 내용의 성명을 발표했다.

●●● 한나라당의 문제가 무엇인가? 한나라당의 구성원들 스스로가 밝히고 있듯이, 한나라당의 문제는 당 간판에 쓰인 이름도, 정강·정책에 명시된 '보수'라는 용어도, 구성원들의 지적 능력 부족도 아니다. 좋은 정강·정책이 있어도 그것을 실천하지 못하는 의지의 결핍, 국민과 진정성 있게 소통하려 하지 않는 오만한 태도, 국민이 경고를 보내도 곪아 썩어 문드러질 때까지 깨닫지 못하고 자화자찬을 일삼는 무감각, 환부를 확실하게 도려내기보다는 대충 봉합하고 눈가림하려는 꼼수, 부정부패비리에 대한 중독성, 보통 사람이라면 누구나 당연시하는 의무와 책임의 기피, 가진 자가 솔선수범해야 할 노블레스 오블리주의 부족, 동지와도 나누어 갖지 못하는 의리 없음, 화장실 갈 때와 나올 때가 다른 이중성과 같은 것들이 한나라당, 그리고 현 정권의 고질적인 문제가 아니던가.

더욱이 한나라당은 자신의 정강·정책에 명시된 '보수'의 의미를 진정으로 이해하고 실천한 적이 있었던가? 한나라당 비대위는 위기 탈출을 위한 정치공학적 발상으로 '진정한 보수' 이념을 욕보여서는 안된다.

(뉴라이트전국연합 '누리집'에서)

제18대 대통령선거 경선에 출마할 것이 확실해 보이는 박근혜의 이념과 정치적 지향점이 뉴라이트와 다르지 않다면, 그는 나라의 주인인 국민들을 위해 어떤 일을 할 계획을 세우고 있는가? 아직 경선 출마를 선언하지 않은 시점이라 박근혜 자신이 공약으로 발표한 것은 없다. 그래서 여기서는 2007년 경선과 그 이후에 나온 정책과 의견을 중심으로 살펴보겠다.

2007년에 박근혜가 내세운 공약은 '줄푸세'였다. 그는 2007년 5월 29일에 열린 '한나라당 광주 정책 비전대회'에서 '줄푸세'를 이렇게 소개했다.

●●● 크기만 하고 무능한 정부, 불법파업과 집단 이기주의, 기업은 규제로 묶이고, 국민의 마음은 갈라져 있는 것, 이것이 우리 경제의 큰 병입니다.
  저 박근혜는 이 병을 고치는 데 제 모든 것을 바치겠습니다. 저는 3가지 정책을 반드시 추진하겠습니다.
  (…) '줄푸세 정책'으로 우리 경제를 확실히 살려놓겠습니다. 줄푸세는 줄이고, 풀고, 바로 세우자는 것입니다. 세금과 정부 규모는 줄이겠습니다. 불합리한 규제는 과감히 풀겠습니다. 법질서와 원칙은 바로 세우겠습니다.

박근혜가 '줄푸세'를 실행에 옮기려면 2007년에 대통령이 되었어야 한다. 그러나 그런 뜻을 이루지 못했다 하더라도 집권여당 안의 정파 수장으로서 이명박 정부가 잘못하는 일들에 대해서는 엄정하게 비판을 가하면서 시정을 요구했어야 마땅하다. 이명박 대통령은 세금과 정부 규모를 줄이지도 않았고, 불합리한 규제를 과감히 풀기는커녕 '기업 프렌들리'라는 명분으로 재벌과 대기업에 감세 특혜를 주는가 하면 대자본의 횡포와 불법행위에 지나치게 관대했다. 이런 현상을 보면서 침묵으로 일관하다시피 한 박근혜에게 '침묵공주'라는 별칭이 붙은 것은 당연하지 않은가?

한나라당 비대위 정강·정책쇄신분과위원회 위원장이던 김종인은 1월 13일 MBC 라디오 '손석희의 시선 집중'에 출연해서 재벌 개혁에 대해 비관적이라고 말했다. 그는 금산(金産) 분리 강화, 출총제 부활 등과 관련해 "현재 심정으로서 그런 것은 내가 주도해서 끌어갈 의사를 갖고 있지 않다"면서 "왜냐하면 한나라당 자체가 그런 것을 과연 수용할 가능성이 있느냐 없느냐에 대해 내 나름대로 판단을 하고 있다"라고 말했다.

박근혜는 이명박 정부가 수십조 원의 예산을 들여 강행한 '4대강 사업'에 국민의 60% 이상이 반대한다는 여론조사 결과가 나와도 입을 열지 않았다. 굴욕적인 한미 FTA를 바로잡기 위해 재협상을 해야 한다는 제1야당의 주장에 대해서도 '노무현 정부가 추진한 일'이라면서 '국익' 차원에서 재검토하자는 의견을 내지 않았다.

이명박 정부가 무리하게 추진해온 사업들에 대해서 비판의 소리를 거의 내지 않던 박근혜는 서민들의 복지에 관해서만은 크게 관심을 보였다. 그는 5월 8일 KBS 라디오 연설에서 "서민 가정이 제2금융권에서 높은 이자를 물고 전세자금을 빌리면서 고통을 받고 있는데 국가가 보증을 서 제1금융권처럼 낮은 이자 대출로 바꿔 탈 수 있도록 하겠다"라고 말했다. 그는 "내년부터 만 5세까지 모든 아이들에게 양육비와 보육비를 지원하고 필수 예방접종 항목도 점차 확대할 것"이라며 "취업에서도 열정과 잠재력만으로 평가받는 '스펙 초월 취업시스템'을 도입할 것"이라고 약속했다. 그는 "비정규직 차별을 없애기 위해 2015년까지 공공부문의 상시적이고 지속적인 업무에 대해서는 비정규직 고용을 전면 폐지하고, 진료 부담이 큰 4대 중증질환은 2016년까지 국가가 100% 책임지고, 치매환자에 대한 노인장기요양보험을 단계적으로 확대할 것"이라고 말했다. '가족행복 5대 약속'의 뼈대를 이루는 내용들이다.

박근혜가 보수 일변도의 노선에서 '중도'로 방향을 바꾼 것은 2009년 5월 미국 스탠퍼드대학에서 한 연설이 시발점이었다. "경제 발전의 최종 목표는 소외계층을 포함한 모든 국민이 함께 참여하는 공동체의 행복 공유에 맞춰져야 한다"는 것이었다. 2009년 9월에는 한 걸음 더 나아가서 "우리가 여전히 이루지 못한 것, 우리의 궁극적 꿈은 복지국가 건설이다"라고 말했다. 2010년 6월에는 "경제정책 운용의 주안점을 성장률뿐 아니라 서민과 젊은층에 도움이 되는 데 두어야 한다"라고 강조했다.

●●○ 박근혜는 중도 전략의 명분을 박정희 모델의 재구성에서 찾고 있다. 최근 박근혜는 박정희 모델을 구성하는 여러 요인 중에서 서민주의를 특히 부각시키고 있다. 박근혜가 말하는 복지도 서민주의에 착목한 것이다. 성장주의나 반공주의 등 박정희 모델의 보수적 측면을 부각시키던 것에서 벗어나 서민주의를 상대적으로 더 강조함으로써 자연스럽게 중도까지 포용하려는 것이다." **(김종욱 외 지음 〈박근혜 현상〉 46쪽)**

박근혜가 '대선 예비공약' 처럼 내세운 '서민주의 복지'를 실현할 의지와 능력을 지니고 있는지는 지금 가늠할 수 있는 문제가 아니라고 본다. 만약 박근혜가 대통령이 된다면 철저히 서민의 편에 설지, 아니면 1%의 특권층과 함께 갈지는 경선과 본선(박근혜가 새누리당 후보가 된다고 가정하고)에서 국민들이 지혜롭게 판단할 일이다.

박근혜의 로맨틱 매카시즘

한국사회에서 수구보수세력이 오랫동안 사용해온 정치적 무기 가운데 하나로 매카시즘이 있다. 매카시즘은 미국의 연방 상원의원 조지프 레이먼드 매카시의 이름을 딴 것이다. 그는 1950년 "국무부에 고용된 공산당원들과 스파이 단원들의 명단을 가지고 있다"라고 발표하면서 미국을 '빨갱이 공포증'으로 몰아넣기 시작했다. 매카시는 트루먼 행정부의 국무부, '미국의 소리' 방송, 미 육군에 공산주의자들이 침투해 있다고 계속 비난했다.

매카시즘의 광풍은 꼬박 4년 동안 미국의 정계는 물론이고 문화예술계까지 쑥대밭으로 만들었다. 매카시는 '마샬 플랜'의 창시자인 국방장관 조지 마샬이 205명의 '알려진 공산주의자들을 품고 있다'고 공격했다. 중공군이 북한을 도우려고 한국전쟁에 참여했을 때, 유엔군 총사령관이던 더글러스 맥아더가 "중국 땅에 원자폭탄을 터뜨리자"고 정부에 건의하자 트루먼 대통령은 단호히 거부하고 맥아더를 해임했다. 그때 매카시는 트루먼을 향해 "그 개자식은 탄핵당해야 한다"라고 극언을 퍼부었다.

매카시는 1953년에 '정부활동조사위원회' 책임자가 되어 육군 안의 '공산주의자들'을 색출하려고 나섰으나 아무런 증거도 찾지 못했다. 반격에 나선 육군이 1954년 초에 매카시를 고발하자 그는 4월에 위원장 자리에서 물러났다. 간염을 앓다가 1957년 5월 세상을 떠난 그가 미국과 세계에 남긴 '유산'은 맥카시즘이라는 파괴적 '정치공학' 뿐이었다.

18대 대통령 선거를 6개월 남짓 앞둔 한국 사회에 매카시즘의 광풍이 몰아치고 있다. 통합진보당 비례대표로 국회의원에 당선된 이석기 · 김재연씨가 '주사파'이자 '종북주의자'라는 주장이 2012년에 매카시즘 망령을 되살리기 시작했다. 게다가 민주통합당 임수경 의원이 술자리에서 청년탈북자에게 했다는 '폭언'이 매카시즘에 기름을 퍼부었다.

새누리당과 보수언론은 이석기 · 김재연 · 임수경 의원을 '종북 주사파'로 몰아붙이는 데 그치지 않고 민주통합당 대표 경선에 나선 이해찬 상임고문의 사상을 검증해야 한다고 나섰다. 그는 새누리당이 국회에 제출한 북한 인권법안에 대해 "남북한을 고려한 법안이 아니라 일부 극우 보수단체의 대북 전단 살포를 돕는 '삐라 지원법'으로, 남북관계를 악화시킬 뿐 아니라 실효성도 없는 것"이라고 비판한 바 있다.

이 상임고문은 새누리당의 황우여 대표가 이석기 · 김재연 의원을 국회에서 제명하자고 주장한 데 대해서도 "한 국가의 큰 당을 이끌어가는 사람이 상대 당 의원의 사상과 국가관을 검증해야 한다고 말하는 것은 '망언'"이라고 공격했다. 황우여 대표는 이해찬 상임고문의 발언을 두고 "과연 대한민국 헌법을 수호하는 국회의원으로서 자격을 갖추었느냐 심사하는 데까지 이를 수밖에 없다는 점을 말씀 드린다"라고 말했다.

이번의 '종북 공방전'에서 가장 눈길을 끈 주장 가운데 하나는 새누리당 전 비상대책위원장이자 유력한 대선 후보인 박근혜 의원의 발언이었다. 그는 2012년 6월 1일 "이석기·김재연 의원이 자진 사퇴하지 않으면 국회에서 제명해야 한다"라고 공언했다.

나는 이번에 되살아난 매카시즘의 망령을 보면서 이렇게 생각을 정리했다.

먼저, 통합진보당 비례대표 경선에서 일어난 부정행위와 관련해서 혁신비상대책위원회의 사퇴 권고, 그리고 서울시당의 제명 결정을 받은 이석기·김재연 의원의 사퇴 여부는 두 사람이 스스로 결정할 일이다. 그들이 어떤 '종북행위'를 했는지에 관한 명확한 증거도 없이 '주사파'라고 보면서 국회에서 제명하자고 주장하는 것은 전형적인 매카시즘이다.

다음으로, 임수경 의원이 술자리에서 백 아무개라는 청년을 상대로 탈북자들을 비하하는 말을 한 것은 분명한 잘못이다. 북한 땅을 버리고 남한으로 온 동기가 무엇이든 간에 그들은 '망명자'로서, 그리고 한 인간으로서 인권을 존중받아야 마땅하다. 그러나 임 의원이 폭언을 했다는 사실 때문에 1989년에 북한을 방문해서 통일운동에 헌신적으로 기여한 일까지를 '종북'으로 몰아붙이는 것은 매카시즘이다.

그리고 김대중 정부의 교육부장관, 집권당의 정책위의장, 노무현 정부의 국무총리로서 '햇볕정책' 실현과 남북 화해에 힘을 쓴 이해찬 의원의 사상을 검증하겠다는 것은 상식에 어긋날 뿐 아니라 민주통합당의 대표 경선에 참여한 그에게 상처를 입히려는 의도에서 비롯된 매카시즘이라고 볼 수밖에 없다.

나는 새누리당과 보수언론의 '2012년 판 매카시즘'을 보면서 1972년 5월 4일 판문점을 통해 평양에 가서 김일성 주석을 만난 이후락 중앙정보부장을 떠올렸다. 그는 남북관계 발전과 민족의 화해를 위해 목숨을 바칠 각오로 '청산가리를 몸에 감추고' '대통령에게 보고하지 않은 채' 김 주석을 만났다고 말했다. 당시의 반공법 제5조 1항은 "반국가단체나 국외의 공산계열의 이익이 된다는 점을 알면서 그 구성원 또는 지령을 받은 자와 회합 또는 통신 기타 방법으로 연락을 하거나 금품의 제공을 받은 자는 징역 7년에 처한다"라고 명시하고 있었다.

그러나 박정희 정권은 '이적행위'가 될 수도 있는 이후락의 비밀방북을 '대통령의 초법적 통치행위'라고 옹호했다. 만일 김대중·노무현 정부 시기에 국정원장이 대통령의 재가 없이 평양에 가서 김정일 국방위원장을 만났다면 한나라당과 보수언론은 '대통령의 초법적 통치행위'라고 보고 침묵했을까?

박근혜 의원은 이번의 '종북 논란'에서 사상을 의심받는 국회의원의 제명을 강하게 주장함으로써 '색깔론'이라는 보수세력의 해묵은 매카시즘을 대변하고 나섰다는 비판을 받았다. 만약 그가 대통령이 된다면 국회의원은 물론이고 공직자들의 사상을 일일이 검증하는 작업을 하겠다는 뜻인가?

한나라당 대선 후보 경선을 앞둔 2002년 5월 10일 박근혜 예비후보는 김정일 위원장의 초청으로 북한을 방문했다. 그는 중국 베이징에서 김 위원장이 보낸 특별기를 타고 평양으로 갔다. 그는 김 위원장과 단독 면담을 통해 남북 스포츠 교류, 김 위원장의 남한 방문과 박정희 전 대통령 묘소 참배 등 여러 가지 약속을 받았다고 한다. 박근혜 자서전 〈절망은 나를 단련시키고 희망은 나를 움직인다〉에는 그때 경험이 이렇게 기록되어 있다.

●●● 북한에 다녀온 이후 나는 남북문제 해결의 실마리를 찾았다. 그것은 바로 진심을 바탕으로 상호 신뢰를 쌓아야만 발전적인 현상과 약속을 기대할 수 있다는 점이다. 북의 눈치를 살피거나 정치적 계산에 밀려 신뢰를 쌓지 못한다면, 만난 횟수나 대화 시간은 무의미하다. 아니, 오히려 그런 식의 만남이 많아질수록 양측이 신뢰를 쌓을 가능성은 적어질 것이다.

(203쪽)

박근혜 의원은 이해찬 전 국무총리와 민주통합당, 그리고 통합진보당도 '진심을 바탕으로' 북한과 '상호 신뢰를 쌓으려고' 노력하고 있다는 점을 인정할 수 없는가? '내가 쌓는 신뢰는 로맨스'이고 '남이 그렇게 하면 불륜'이라고 본다면, 그것이야말로 전형적 매카시즘이 될 것이다.

박근혜가 정답을 말할 때다

새누리당 원내대표 이한구가 2012년 6월 19일 오전 국회에서 열린 원내대책회의에서 '종북 논란'에 거듭 불을 지피는 '폭탄 선언'을 했다. "국회의원 당선자 가운데 민주통합당의 35%, 통합진보당의 62%가 국가보안법 등 전과자"라는 것이었다.

그가 제시한 근거는 조갑제닷컴(대표 조갑제) 편집실이 최근 펴낸 책 〈종북백과사전〉이었다. 그는 새누리당 의원들 앞에서 그 책을 펼쳐 보이면서 "여기 보면 종북주의자나 간첩 출신 정치인들의 분석도 돼 있다. 이런 자료들을 보면서 앞으로 국회 운영이 예삿일이 아니라고 걱정이 된다"고 말했다.

이한구가 종북백과사전을 인용하면서 '전과자 출신 국회의원들'이라고 주장한 이들 가운데 대다수는 정부에 의해 '민주화운동 유공자'로 인정되었거나 피선거권에 흠이 없어 총선에서 당선된 이들이므로 새삼스럽게 문제 삼을 일이 아니다. 그의 발언에서 가장 이성과 상식에 어긋나는 것은 '간첩 출신 정치인들이 국회에 있다'는 내용이다.

이한구가 이런 주장을 새롭게 한 것은 아니다.

2012년 6월 초순 통합진보당 비례대표 '경선 부정' 의혹을 계기로 종북 논란이 벌어졌을 때 그는 새누리당 최고위원회에서 "지금 우리 정치권에서는 종북주의자나 심지어 간첩 출신들까지도 국회의원이 되겠다고 나서는 마당"이라고 말했다. 6월 11일 MBC 라디오 '손석희의 시선집중'은 이한구와 전화로 인터뷰하면서 "지난번 이 대표가 말한 내용 중 간첩출신이 국회의원이 되겠다고 한다고 했는데 여기서 간첩출신으로 지목한 사람이 누구인가"라고 물었다. 그는 '차츰차츰 밝혀질 것'이라면서 즉답을 피하다가 진행자인 손석희가 "실체가 없는데 이야기할 수 있겠느냐"고 반문하자 끝내 대답을 하지 않았다. "민주통합당 정청래 의원이 자신의 트위터를 통해 (이 원내대표가 말한 간첩출신이) 누구인지 실명을 공개하지 않으면 국가보안법상 불고지죄에 해당한다고 했다"고 손석희가 지적하자 이한구는 "그런 정도의 코멘트에 일일이 반응할 필요가 없다"고 말했다.

이한구가 그 라디오 인터뷰 뒤 아흐레만에 들고 나온 대답은 "종북백과사전에 들어 있다"는 것이었다. 조갑제닷컴이 "역사를 바꿀 위대한 폭로가 시작된다!"고 선전하고 있는 종북백과사전의 1부 '종북이란 무엇인가'는 "종북세력의 사상적 배경과 그들의 사령탑인 '북한 대남공작조직'을 설명하고 연대별로 종북세력의 계보를 설명하고 있다. 2부 '인물들'은 민주통합당과 통합진보당, 그리고 '19대 총선 종북좌파연대(자칭 범야권연대)'의 배후인 원탁회의 주요 종북 인사들의 행적과 발언을 소개하고 있다. 독자들이 '간첩출신 국회의원'을 찾아내려면 2부를 주목해야 할 것이다. 그런데 2부 2장 '민주통합당 편'과 3장 '통합진보당 편'에는 누가 간첩출신인지가 전혀 드러나 있지 않다. 주요 인물들에 대한 '종북 혐의'를 보면 아래와 같다.

- 문재인 : 반(反)헌법적 '낮은 단계 연방제' 옹호
- 이해찬 : 북 인공기 보호 명령자
- 손학규 : 좌우 오간 '정치 철새'
- 정동영 : 제주해협을 주적(主敵)에게 열어준 사람
- 이석기 : 반국가단체 '민족민주혁명당' 조직원 출신
- 심상정 : 헌법의 영토조항 변경 주장
- 이정희 : 그녀의 적은 대한민국 공권력
- 강기갑 : 공중부양 등 '국회난동' 주역

이한구는 "간첩출신들이 국회의원이 되려고 한다"고 분명히 말했는데 종북백과사전의 '인물들' 편에는 간첩이라는 확증이 드러난 복수의 인물이 없다. 적어도 어떤 개인, 특히 국회의원에 대해 '간첩출신'이라고 주장하려면 법적으로나 현실적으로나 명확한 근거를 제시해야 한다.

누가, 언제, 어디서, 누구를 위해, 왜, 어떻게 간첩활동을 하다가 정보·수사기관에 체포된 뒤 법정에서 몇 년 형을 선고받고 얼마 동안 복역했는지가 국가기록에 명기되어 있어야 한다는 뜻이다. 그(또는 그들)가 대한민국의 국회의원이 되어서 '반국가단체'를 위해 '이적행

위'를 할는지 여부는 총선 과정에서 국가기관이 충분히 점검할 수 있는 일이었다.

이한구가 누구인가? 150석을 가진 집권여당 새누리당의 '국회 사령탑'이자 친박계의 핵심으로 '박근혜의 경제 가정교사'라고 알려진 인물이다. 그가 149명의 새누리당 의원들에게 "전과자들과 간첩출신들이 국회에 들어와 있다"고 말하면서 그 증거로 종북백과사전을 치켜들었을 때 단 한 사람이라도 '그것은 위험천만한 주장'이라고 반론을 제기했는지 궁금하다.

새누리당에서 가장 유력한 대선 예비후보인 박근혜는 원내대표 이한구의 '종북·간첩출신 국회의원설'에 대해 명확한 입장을 밝혀야 할 것이다. 이한구의 주장대로 종북백과사전에 그런 증거가 나와 있다고 보는지, 매카시즘적 색깔론은 정상적으로 국회를 운영하고, 18대 대통령 선거를 공정하게 치르는 데 전혀 도움이 되지 않는다고 믿는지를 공개적으로 언급하는 것이 마땅하다고 본다.

이명박의 길과 박근혜의 길

  국무회의가 2012년 6월 26일 '한·일 (군사)정보보호협정'을 체결하기로 의결한 사실이 밝혀진 뒤 야권은 물론이고 사회관계망서비스(SNS)에서 반대와 비판이 폭죽처럼 터졌다. 동북아시아의 군사적 지형에 엄청난 변화를 일으키면서 북한과 중국, 그리고 러시아의 민감한 대응을 불러일으킬 가능성이 큰 이 협정은 한국의 역대 국회에서 일어난 그 어떤 '날치기'보다도 충격적인 '비밀군사작전' 방식으로 처리되었다. 국무회의가 규정에 따라 사흘 전에 온라인 '국정관리시스템'에 일반안건으로 올리지 않은 채 즉석안건으로 상정해서 벼락치기로 의결한 데 대해 '밀실의 꼼수'라는 비판이 나오는 것은 당연했다.

  그날 국무회의를 주재한 사람이 김황식 총리라는 이유로 청와대는 "이명박 대통령은 그 사실을 모르고 있었다"고 주장했다. 그는 국무회의가 그 협정안을 의결하던 즈음에 미국 샌프란시스코에서 연 동포간담회에서 "한반도의 평화를 유지하기 위해서 우리는 강한 힘을 유지하고 국민이 단합해야 한다"고 강조하고 있었다. 그러나 외국에 머물고 있어서 국무회의가 국가의 미래에 중대한 영향을 끼칠 가능성이 큰 협정을 의결한 것을 모르고 있었다면 그는 '국민의 생명과 재산을 보호해야 하는 의무'를 지닌 국가원수직을 물러나야 마땅하다. 4개국 순방에 동행한 고위 관료들 가운데, 최첨단 통신망을 통해 중요한 국내 상황, 특히 '국민의 생명과 재산'에 위협이 될 수도 있는 외국과의 협정에 관한 정보를 받아 대통령에게 보고한 사람이 아무도 없었을까? 만약 그렇다면 대통령이 이끄는 행정부의 기능이 마비되었다는 뜻이다.

이명박 대통령이 '레임덕(lame duck, 절름발이 오리)' 소리를 듣기 시작한 지는 이미 오래이다. 그런데 최근 그의 행보를 보면 단순한 레임덕이 아니라 제동장치가 고장 난 채 언덕을 굴러 내려가는 자전거같다는 느낌이 든다. '세계 최우수'라는 평가를 받는 인천국제공항 주식의 정부 지분을 기어코 매각하려고 하는가 하면, 임기말에 외국 무기를 14조원어치나 사들이겠다고 서두르기도 했다. 가뭄을 해소하는 데 거의 도움이 되지 않는 '4대강 살리기 사업'에 이미 22조원을 쏟아부었는데, 지류·지천 정비에 앞으로 4년 동안 15조여원을 더 들여야 한다고 발표했다. 박지원 민주통합당 원내대표는 5월 24일 의원총회에서 "돈 되는 것은 다 팔아먹고 정권을 넘기려 한다"고 이 대통령을 비난했다.

폭주기관차처럼 멈출 줄 모르는 '이명박 식 국정 운영'을 바라보는 국민들은 지금 불안하기 짝이 없을 것이다. 그런데 그는 야당이나 진보 언론의 비판에는 아예 반응을 보이지 않는다. 이런 때일수록 그에게 제동을 걸 세력은 집권당인 새누리당밖에 없다. 그 당 안에서도 가장 유력한 대통령후보인 박근혜 의원의 말에 가장 큰 무게가 실릴 것이다. 그러나 박 의원은 '침묵공주'의 철옹성에서 좀처럼 나오려고 하지 않는다. 한·일 정보보호협정 체결안이 국무회의에서 의결된 이튿날인 28일 친박계의 핵심 중 핵심인 황우여 새누리당 대표가 독도를 찾아가서 시설물을 '순시'한 것이 박근혜 의원을 대변한 행동이라고 보아야 할까? 그는 예정된 최고위원회의까지 취소하고 '호국보훈의 달'에 한·일 간의 정치적 분쟁 지역인 독도를 방문한 것이었다. 일본의 극우파 사내가 주한일본대사관 앞의 '소녀상'에 '다케시마는 일본 땅'이라는 글을 써 붙인 뒤 몰지각한 행동을 나무라는 국민의 여론이 들끓는 상황에서 그는 '새누리당은 독도가 우리 땅임을 확인한다'는 뜻으로 거기에 간 것일까?

새누리당을 실질적으로 장악하고 있는 박근혜 의원이 현재 가장 집착하고 있는 것은 '당헌과 당규에 따른 대통령후보 경선'이다. '비박계'로 불리는 후보들이 흥행 효과를 위해서라도 '국민경선(오픈프라이머리)'을 하자고 끈질기게 주장하는데도 그는 오불관언이다. 한 비박계 후보의 대리인이라는 새누리당 국회의원은 "박근혜 전 비대위원장이 그렇게 무시하는 비박 주자들의 지지율 5% 때문에 피눈물을 흘릴 날이 올 것"이라고 경고했다.

박근혜 의원이 최근 정치 현안에 대해 발언한 것은 MBC 노조 파업이

유일하다. 그는 6월 22일 "파업이 징계 사태까지 간 것은 참 안타까운 일"이라면서 "파업이 장기화되고 있는데 노사가 서로 대화로 슬기롭게 잘 풀었으면 좋겠다. 그래서 하루 빨리 정상화되길 바라는 것이 국민의 마음이라고 생각한다"고 기자들에게 말했다. 여당 추천 이사들이 지배하는 방송문화진흥회가 뽑는 MBC 사장은 대통령이 실질적으로 '임명'하는 자리라는 사실을 박 의원은 모르고 있는가? 그리고 그는 (주)문화방송 주식 30%를 보유하고 있는 정수장학회에 막강한 영향력을 행사할 수 있는 사람이기도 하다.

6월 28일 외교통상부 대변인은 "현재 계획으로는 29일 오후쯤에는 한·일 정보보호협정에 대한 서명이 도쿄에서 겐바 일본 외무상과 신각수 주일대사 사이에서 이루어질 것"이라고 발표했다. 그 협정이 발효되면 한반도의 앞날에 어떤 태풍이 몰아쳐올지는 명백하다. 그것은 두 나라가 서로 '정보를 보호하려고 맺는' 단순한 협정이 아니다. 1960년대 초반에 미국이 동아시아에서 사회주의권에 맞서기 위해 '굴욕적 한·일 회담을 통한 국교 재개'를 박정희 정권에 강하게 권하는 한편, '용병'이라는 비판을 받던 베트남 파병의 대가로 거액의 달러를 몰아주던 시기의 '한·미·일 삼각동맹'이 21세기에 재현되는 것이다. 새로운 삼각동맹의 주된 표적은 세계의 두번째 군사대국으로 떠오른 중국, 한·미·일이 '세계 평화를 위협한다'고 보는 북한, 그리고 두 나라와 보조를 함께 할 가능성이 짙은 러시아임이 분명하다.

2012년 6월 현재의 일본은 1960년대의 일본과는 판이하다. '평화헌법'에 발이 묶여 군비 확장이나 해외 병력 파견에 제한을 받던 그 나라가 아니다. 지난 21일 일본 국회는 원자력규제위원회 설치법의 목적 1조에 "우리나라의 안전 보장에 이바지한다"는 조항을 포함시키는 개정안을 통과시킴으로써 핵무장의 길을 활짝 열었다. 2011년 9월 일본 내각부의 보고에 따르면 일본은 국내의 6.7t, 외국에 맡긴 23.3t 등 모두 30t의 플루토늄을 보유하고 있다. 이것은 1만~1만5천개의 핵폭탄을 만들 수 있는 양이다. 그리고 일본은 핵실험 절차를 생략하고 컴퓨터 모의실험을 통해 핵무기 개발과 검증 실험을 할 수 있는 능력도 갖추고 있다. 미국과 서방 강대국들이 묵인하기만 하면 일본이 중국을 넘어서는 핵강국으로 발돋움하는 것은 시간문제이다.

전문가들은 한·일정보보호협정에 이어 상호군수지원협정이 체결될 가능성이 크다고 예측한다. 그렇게 되면 한국은 미국 다음으로 일본의 군사력과 경제력에 의존하는 '약소국'의 처지를 감수해야 할 것이다. 이런 사실을 아는지 모르는지 이명박 정부는 북한을 상대로 '흡수통일'이 가능하다고 주장해왔다. 그러나 그것은 현실적으로 불가능한 일이다. 만약 한·미·일 삼각동맹이 어떤 계기에 북한에 대해 무장 공격이나 침공을 가한다면 1961년 7월 11일 북한과 중국 사이에 체결된 '조·중 동맹조약'에 따라 중국군이 자동적으로 북한에 진주해서 전쟁에 참여할 것이기 때문이다.

자연과 환경을 파괴하는 '토목사업'에 거액의 국가예산을 쏟아 부으면서 의혹에 싸인 수의계약을 거듭했는가 하면 생산성이라고는 전혀 없는 대북정책으로 일관하면서 미국에 대한 군사적 종속을 더욱 강화하고 일본에 대한 의존까지 서슴지 않는 것이 '이명박의 길'이라는 사실은 확연히 드러났다. 그렇다면 '박근혜의 길'은 무엇인가? 이명박 대통령이 재임 기간에 야당과 국민 다수의 반대를 무릅쓰고 저지른 일들을 침묵으로 인정하고 '내가 대통령이 되면 바로잡겠다'는 것일까? 만약 그렇다면 그것은 바르지도 가능하지도 않은 일이다. 수구보수세력의 지원으로 대통령이 된 다음에 어떻게 파격적인 '국정 쇄신'을 이룰 수 있겠는가? 박근혜 의원이 진정으로 국민을 위한 대통령이 되고 싶다면 지금이라도 '이명박의 길'을 정당하게 비판하면서 수렁에 빠진 나라를 건져낼 정책과 이념을 제시해야 할 것이다.

박근혜의 '역사와 국민'은 상극인가

　새누리당 대통령 후보 경선에서 독주하고 있을 뿐 아니라 안철수 교수를 제외한 야권의 후보들보다 멀찌감치 앞서서 달리고 있는 박근혜 의원의 역사관이 '역설적 진화'를 거듭하고 있다. 선거일인 12월 19일까지 다섯 달 가까이나 남아 있으니 그가 앞으로 아버지 박정희 전 대통령과 자신의 정치적 행적을 합리화하는 논리를 지금보다 더 조리 있게 펼치려고 노력하겠지만, 7월 24일의 발언은 그런 시도가 성공할 가능성이 거의 없다는 것을 여실히 보여주었다. 그는 방송 3사가 주최한 새누리당 대선 후보 경선 합동토론회에서 "대통령이 되면 5·16 쿠데타로 규정된 역사교과서를 개정할 것이냐"는 임태희 후보의 질문에 아래와 같은 요지로 대답했다.

　최근 여론조사에서 제 발언에 대해 찬성하는 분이 50%가 넘었다. 역사인식을 달리하면 통합할 수 없다고 했는데 임 후보의 말대로 50%가 넘는 국민은 잘못된 국민이니 버리자는 얘기가 되지 않나? 역사학자나 국민이 해야 할 것을 현 정치인들이 미래는 놔두고 하면 통합이 되겠나? 우리 정치가 시대적 사명에 충실하기도 바쁘다. 지금 어떤 정치를 하고 정성껏 국민의 삶을 보살피고 나라를 발전시키냐 하는 것도 (훗날 역사의) 도마에 오른다. 우리도 곧 역사의 평가에 오른다.

한 매체의 여론조사에서, 5·16 쿠데타를 '구국의 혁명'이라고 주장하는 박근혜 후보의 견해에 동조하는 응답자가 50%를 넘었다고 나온 결과는 그대로 인정하기로 하자. 그러나 그가 7월 16일 비슷한 발언을 한 직후에 리얼미터가 실시한 여론조사 결과 그에 대한 지지율이 7월 13일의 41.2%에서 16일 39.5%, 17일 36.7%로 급속히 떨어진 현상은 어떻게 해석해야 할까? 그 무렵 박 후보가 정치적으로 다른 실수를 하지 않았다면 말이다.

이 글의 앞머리에 "박근혜 의원의 역사관이 역설적 진화를 거듭하고 있다"고 적은 까닭은 이렇다. 그는 2007년 7월에 열린 한나라당 대선후보 검증토론회에서 "5·16은 구국의 혁명, 유신은 역사가 판단할 일"이라고 말했다. 그런데 한국일보 2012년 7월 18일자 기사('최선의' 문구 직접 골라··· 과거사 정면 돌파 의지)에 따르면, 박 후보는 "5·16은 불가피한 선택"이라고 되어 있던 발표문안을 "불가피한 최선의 선택"이라고 직접 바꿨다고 한다. 그가 말하는 '구국의 혁명'은 4월 혁명 뒤 민주적 총선거의 결실로 구성된 장면 정부를 박정희 소장이 이끄는 군인들이 총칼로 뒤엎은 사건을 가리킨다. 대한민국 헌법 전문에는 "불의에 항거한 4·19 민주이념을 계승하고"라고 명시되어 있다. 박정희 일파가 나라의 주인인 국민의 뜻을 묻지도 않고 불법으로 정부를 전복한 것은 누가 보아도 쿠데타임이 분명하다.

박근혜 후보가 "5·16은 구국의 혁명이 아니라 헌정을 유린한 군사쿠데타"라고 명백히 선언하는 순간 그는 대통령선거에 나설 자격을 잃고 말 것이다. 왜냐하면 그는 쿠데타로 정권을 탈취한 사람의 맏딸로서 1974년 8월 하순부터 1979년 10월말까지 청와대의 '퍼스트레이디'라는 공식 직함을 가지고 아버지와 함께 권력을 행사했기 때문이다.

〈박근혜 자서전-절망은 나를 단련시키고 희망은 나를 움직인다〉를 보면 그의 아버지는 '하늘을 우러러 한 점 부끄러움이 없는 애국자'였던 것 같다. 그는 자서전 153쪽에 이렇게 썼다.

나의 눈에 비친 아버지는 당신의 조국, 대한민국 이외의 사심은 결코 없었 다. 아니, 그보다 그분의 마음과 머릿속에서 결코 떠날 줄 모르는 '조국의 근대화'라는 일념은 다른 무엇도 들어갈 틈을 주지 않았다.

과연 그랬던가? 일본 육군사관학교를 '우수한 성적'으로 졸업하고 '천황 폐하에게 충성'을 맹세하면서 일본군 장교로 근무하다가 8·15 이후에는 국방경비대 장교로서 남로당에 가입한 뒤, '여수·순천 반란 사건'에 가담한 '군대 내부 동료들'의 명단을 정보기관에 알리고 극형을 면한 사람의 가슴 속에 '조국' 말고 자리를 잡을 실체가 달리 없었단 말인가?

박정희라는 인물이 지배하던 18년 동안 대한민국은 외형적으로 경제성장을 이룬 것은 사실이지만 정치·사회·문화적으로는 칠흑 같은 암흑을 벗어나지 못했다. 5·16 쿠데타로 권력을 잡은 그는 1972년 10월 '대통령 특별선언'이라는 것을 통해 껍질뿐이던 헌정질서조차 무너뜨리고 '종신집권'의 길로 치닫다가 비명횡사했다. 박근혜 후보가 칭송하는 '아버지의 조국'은 바로 그런 나라였다. 그가 일인독재를 지탱하는 대가로 얼마나 많은 청년·학생과 민주인사들이 고문을 당하고 감옥에 갇히고 목숨을 잃기까지 했는지 박 후보도 잘 알고 있을 것이다. 그렇게 명백한 사실을 장차 어느 시절에 '역사의 판단'에 맡기자는 말인가?

박근혜 후보가 말하는 '역사'가 드러내는 치명적 결함은 역사와 국민이 완전히 동떨어져 있거나 상극적인 실체라고 보는 점이다. 한 국가와 민족의 역사는 '사람들'이 만드는 것이다. 그 사람들은 국민이기도 하고 민중이기도 하다. 박정희 정권 18년 동안 수많은 사람은 '한 사람의 독재'에 맞서 싸웠다. 유신체제를 만들어 종신집권의 도구로 삼은 것은 한 사람의 독재자였지만, 그 체제를 극복하고 민주주의를 되살리기 위해 피와 땀을 흘린 역사의 주체는 국민이었다.

박근혜 의원은 2012년 2월 13일 한나라당이 새누리당으로 이름을 바꾼 뒤 그 당을 이끌면서 '민생'을 전보다 더 자주 강조하기 시작했다.

최근 그의 '어록'에서 단연 두드러지는 어휘는 민생이다. "민생 챙길 일도 많은데 계속 역사논쟁을 하느냐?" "국민생활이 참으로 어렵기 때문에 무엇보다도 민생을 잘 보살피는 것을 최우선 가치로 생각한다."

민생은 역사와 현실을 넘어 추상적 세계에 머무는 것이 아니다. 박근혜 후보가 재래시장을 찾아가서 악수를 하는 아저씨와 아주머니의 고달픈 삶도 민생이지만 친일 잔재를 청산하는 데 온 힘을 쏟는 운동가들, 1천 번이 넘게 매주 일본대사관 앞에서 항의 집회를 열어온 '위안부 할머니들'의 삶도 민생이다. 대학을 나오고도 일자리가 없어 거리를 헤매는 청년들도 '4대강 죽이기'에 반대하는 실천가들도 민생의 동일선상에 있다.

'낙하산 사장 퇴진'과 '공정방송 회복'을 요구하면서 170일 동안 파업을 벌이다 회사로 돌아가자마자 인사 보복을 당한 MBC 노조원들도 민생의 한가운데 서 있는 사람들이다. 1천일이 넘도록 정리해고가 해결되지 않아 22명의 해고노동자와 가족이 고통 속에 세상을 등지게 한 쌍용자동차 사건을 박근혜 후보는 중대한 민생문제라고 밝힌 적이 있는가?

박근혜 의원은 7월 10일 오전 영등포 타임스퀘어 광장에서 대통령 후보 출마를 선언하면서 '내 꿈이 이루어지는 나라'라는 슬로건을 내세웠다. 그 꿈은 누가 꾸는 것일까? 박정희 정권 시기에 노동현장과 언론사들에서 강제해직당한 뒤 30년이 훨씬 넘어 일흔살 안팎의 노인이 된 사람들이 아직도 열망하고 있는 '진정한 민주정부 수립'도 그 꿈에 포함되는가? 박근혜 후보는 '출정식' 전날 밤 자신의 트위터에 이런 글을 띄웠다고 한다.

"누구든 자신의 미래를 꿈꿀 수 있고 잠재력과 끼를 맘껏 발휘할 수 있는 나라를 저는 꿈꾼다."

대한민국의 국민이라면 누구나 그런 나라가 이루어지기를 꿈꿀 것이다. 그러나 그릇된 역사와 정치를 바로잡지 못하는 정치세력이 주장하는 '내 꿈이 이루어지는 나라'는 백일몽으로 그칠 수밖에 없다.

박근혜의 어지러운 '그네 타기'

　새누리당의 19대 총선 비례대표 공천 과정에서 수억원대의 '공천헌금'이 오고갔다는 의혹이 제기된 것은 지난 7월 30일이었다. 비례대표로 당선된 현영희 의원이 새누리당 공천위원이던 현기환 전 의원에게 3억원을 전달했다고 대검찰청에 고발한 주체는 놀랍게도 중앙선관위였다. 한 신문이 그 사실을 단독으로 보도한 뒤 야권과 시민들의 눈길은 당시 새누리당 비상대책위원장으로서 공천위원 인선과 총선을 주도한 박근혜 의원에게 쏠렸다.

　이 글의 결론을 미리 말하자면, 새누리당의 가장 유력한 대선후보인 박근혜 의원이 '현대판 매관매직'이라는 비난을 듣는 이 사건에 대처하는 자세와 방식에는 설득력과 일관성이 없었다. 자신의 대통령선거 출마에 치명타를 가할 수도 있는 극히 민감한 사안이라서 몸을 사리는 것을 이해할 수 없는 바는 아니다. 그러나 그는 국정을 책임지는 대통령이 되기에는 역사와 정치를 비롯한 세상만사에 대한 판단력이 한참 결여되어 있다는 점을 이번에 명확히 드러냈다. 최근 며칠 동안 그가 만들어낸

'어록' 이 그것을 입증한다.

"이번에 제보했다는 사람이 그때 그런 일이 있다고 당에 제보했다면 수사를 의뢰하든지, 확실한 원칙대로 결론 났을텐데, 그때 제보 안 한 게 유감스럽다. 양쪽이 완전히 상반된 주장을 하는데, 검찰이 명명백백히 수사해 사실관계를 밝히면 어떤 결과가 나오든 법적으로 분명한 처리를 할 것이다."(8월 3일)

"최근 벌어지는 공천 관련 의혹은 사실 여부를 떠나, 이런 이야기가 나오는 것 자체가 국민과 당원에게 송구하다. 만약 사실이라면 결코 용납될 수 없는 중대범죄이다. 누구도 성역이 있을 수 없다. 모든 것을 빠른 시일 안에 밝혀 관련된 사람을 엄중히 처벌해야 한다."(8월 5일)

"저는 네거티브에 너무 시달려서 '멘붕' 이 올 지경이다. 하지만 그런 것에 굴복하지 않을 것이다. 국민들을 위해 할 일이 많다."(8월 6일)

이번에 이 사건의 실상을 중앙선관위에 제보했다는 정 아무개 씨(현 영희 의원의 전 수행비서)가 상세히 기록한 '공천헌금' 관련 자료를 새누리당에 먼저 알렸다면 박근혜 전 비대위원장이 당 대표를 비롯한 최고위원들에게 '진상조사' 를 하자고 제의했을까?

'최근 벌어지는 공천 관련 의혹은 사실 여부를 떠나, 이런 이야기가 나오는 것 자체가 국민과 당원에게 송구하다'는 말은 무슨 뜻인가? '사실이라면 결코 용납될 수 없는 중대범죄'라고 잘라 말하면 그만이지 이런 이야기가 나오는 것 자체가 국민과 당원에게 송구하다니….

박근혜 후보는 네거티브에 너무 시달려서 '멘붕'이 올 지경이라는데, 이번에 불거진 '공천 헌금' 의혹도 네거티브인가? 자신과 관련된 네거티브의 전모를 낱낱이 소개하면서 진실을 밝힌 뒤 반론을 제기해야지 국민들을 위해 할 일이 많아서 그런 것에 굴복하지 않겠다는 말은 이성적 사고나 판단과는 거리가 멀다.

박근혜 후보는 8월 7일 서울 목동 방송회관에서 열린 '경선주자 뉴미디어 토론회'에서, 여태까지 '구국의 혁명'이자 '불가피한 최선의 선택'이라고 주장하던 5·16쿠데타에 대해 '정상적인 것은 아니었다'고 말을 바꾸었다. 세계 그 어느 나라에 '정상적인 쿠데타'가 있단 말인가? 박 후보는 '나 같은 불행한 군인이 없기를 바란다'고 했던 아버지 박정희 전 대통령의 말을 '5·16이 정상적인 것은 아니었다'고 보는 근거로 들었다. 이것도 역사적 사실과는 한참 동떨어진 주장이다.

박정희 소장이 이끈 이른바 '혁명군'은 쿠데타 직후 발표한 '혁명공약'을 통해 '민정이양'을 약속했다. 그에 따라 박정희 최고회의 의장은 1961년 8월 12일 민정이양 일정에 관한 성명을 발표했다. 1963년 초에 정당 활동을 허용하고, 3월 이전에 신헌법을 제정·공포하며, 여름에 정권을 민간에 이양한다는 내용이었다. 그러나 그는 '번의(?意)'에 번의를 거듭한 끝에 그 약속을 깨뜨리고 김종필의 중앙정보부를 통해 민주공화당을 불법으로 만든 뒤 1963년 11월의 대통령선거에 출마해 당선되었다. 그것은 결코 '비정상적 상황'에서 그가 할 수밖에 없는 '불가피한 선택'이 아니었다. 만약 그가 민간정치인들에게 깨끗이 정권을 이양하고 군대로 돌아갔다면 1969년의 '3선개헌안 날치기'도, 1972년의 초헌법적 쿠데타인 '10월 유신'도 없었을 것이다.

사족 같지만 가볍게 넘겨서는 안 될 박근혜 후보의 문제점이 '경선주자 뉴미디어 토론회'에서 불거져 나왔다. 그는 '서민상식'에 관한 퀴즈를 풀던 중 "2012년 기준 아르바이트 최저 시급이 얼마냐"라는 질문에 대해 '5,000원 조금 넘지 않느냐'고 반문했다. 사회자가 '올해 법정 최저임금은 4,580원'이라고 말하자 박 후보는 '5,000원도 안 됩니까'라고 되물었다. 2007년부터 이듬해까지 국회에서 환경노동위원회 위원으로 일했다는 대통령 예비후보가 비정규직 가운데서도 가장 낮은 임금을 받고 일하는 '알바'의 수입을 정확히 모르고 있음이 여지없이 드러난 것이다.

박근혜 후보가 가장 강조하는 공약은 '경제민주화'이다. 통계청이 2011년에 발표한 자료에 따르면 한국의 비정규직 인구는 6백만 명을 넘어섰다. 취업자의 30%를 웃도는 수자이다. 비정규직의 생존과 직결되는 최저임금을 정확히 모르는 인물이 '경제민주화'를 이룰 수 있을까?

박근혜 후보가 말과 행동으로 보여주는 '그네 타기'를 보면 어지럽기 짝이 없다. 지금보다 훨씬 더 열린 자세와 명확한 정치 · 역사관을 보이지 않는 한, 그는 '내 꿈이 이루어지는 나라'를 만드는 데 앞장설 수 없을 것이다. 그는 무엇보다도 먼저, 현기환 전 의원이 '공천 장사'를 했는지 여부를 중앙선관위의 고발장을 통해 확인하고 나서 사실로 드러나면 '내가 임명한 공천위원의 부정은 내 책임'이라고 인정해야 한다. 그런 뒤에도 다수 유권자들이 변함없이 대선 출마를 강하게 원하면 '국민들을 위해 할 일이 많아 그 뜻에 따르겠다'고 밝히면 될 것이다. 그리고 5·16 쿠데타에 관한 한, '아버지의 역사적 과오'를 선선히 시인하고 다시는 '헌정을 유린하는 쿠데타나 군사반란이 일어나지 않는 민주체제를 굳건히 세우겠다'고 공언하는 것만이 그의 어지러운 그네 타기를 끝내는 방법이 아닐까?

03
새누리당의 뿌리와 실체

새누리당의 원조 민주공화당

공화당 창당 17주년 기념식이 열리는 모습

　새누리당의 누리집을 보면 '걸어온 길' 이라는 부분에 '새누리당 발자취' 가 소개되어 있다. "새누리당의 발자취는 한국 정치발전의 역사이며 한국인의 자랑입니다. 새누리당은 그 역사를 이어가겠습니다"라는 설명 밑에 자리 잡은 '발자취 전체목록' 은 1997년을 시발점으로 삼고 있다. 그 해 11월 21일 신한국당과 민주당이 합당해서 한나라당을 만든 것이 새누리당 발자취의 첫걸음이라는 뜻이다.

새누리당의 '공식 역사'가 한나라당에서 시작되었다는 주장에 동의할 사람은 별로 없을 것이다. 왜냐하면, 정당은 어느날 갑자기 태어나는 것이 아니라 오랜 세월 동안 이념과 정책을 함께해 온 개인과 정파의 결합이기 때문이다. 한나라당의 구성원 대다수는 그 이전에 신한국당에 속해 있었고, 신한국당 앞에는 민주자유당이 있었다. 역사를 더듬어 올라가면 민주정의당과 민주공화당에 이른다.

민주공화당이야말로 새누리당의 '원조'라고 말하면 이의를 제기하는 이들이 있을까? 이 사실을 검증하기 위해 전문가들이 오랫동안 토론할 필요는 없을 것이다. 현재 새누리당은 민주공화당을 만들어 17년 동안 이끌어온 박정희를 '역사상 가장 위대한 대통령'으로 추앙하고 있으며, '친정체제'로 새누리당을 '지배'하고 있는 박근혜는 아버지 박정희의 정신적·물질적 유산을 무엇보다도 소중한 정치적 자산으로 삼고 있기 때문이다. 그래서 새누리당의 뿌리와 실체를 파악하는 작업은 민주공화당에서 시작되어야 한다고 믿는다.

1961년 5월 16일 박정희가 이끄는 쿠데타군은 국회의사당과 중앙청, 방송국 등을 점령한 뒤 '혁명공약'을 발표했다. 그 공약의 여섯 번째 항목은 이렇다. "이와 같은 우리의 과업이 성취되면 참신하고도 양심적인 정치인들에게 언제든지 정권을 이양하고 우리들 본연의 임무에 복귀할 준비를 갖춘다."

실질적인 독재기구인 '국가재건최고회의' 의장 박정희는 쿠데타 뒤 3개월 가까이 된 8월 12일 '민정 이양'에 관한 성명을 발표했다. 1963년 초에 정당 활동을 '허용'하고, 같은 해 3월 이전에 새 헌법을 제정·공포하며, 여름에 정권을 민간에 이양하겠다는 것이었다. 그는 "정권 이양에 앞서 진정한 민주질서를 만들어내고 구악 재발 방지를 위해 최소한의 기초작업을 한 후 물러나겠다"는 뜻을 명백히 공표했다. 그런데 8·12성명에는 '최소한의 기초작업을 완수한 후'라는 전제조건이 달려 있었다. 박정희는 8·12성명 발표를 전후해 중앙정보부장 김종필에게 민정 이양에 대비한 구체적 방안을 마련하라고 지시했다.

●●● 이에 김종필은 1963년 8월 15일 민정을 출범시킨다는 내용의 소위 '8·15 계획서'를 작성하였다. 이 계획의 핵심 내용은 '⑴ 혁명과업을 계속 수행하기 위해서는 군인들이 예편한 뒤 대통령과 국회의원 선거에 출마한 뒤 승리하여 민정에서도 정권을 장악해야 한다 ⑵ 선거에서 국민의 지지를 얻어 승리하기 위해 군인들이 참여할 정당을 만들어야 한다 ⑶ 창당을 위해 때 묻지 않은 민간인들의 협조가 필요하다 ⑷ 구정치인들의 도전을 물리칠 방법을 강구해야 한다 ⑸ 이러한 목표를 달성하기 위해 새 헌법과 선거제도를 고안해야 한다' 등이었다. 〈한국민주화운동사 1〉 373쪽

김종필은 육사 8기 동기생 여러 명과 함께 재건동지회를 구성한 뒤 군인들이 참여할 새 정당을 만드는 비밀작업을 시작했다. 그들은 언론

인, 학자, 법조인, 경제인, 관료 등의 도움을 받아 새 헌법의 뼈대를 만들었다. 군사정권은 10월 8일 국가재건비상조치법을 개정하고, 10월 12일 '국민투표법'을 제정·공포했다. 12월 6일 최고회의가 의결한 헌법개정안은 12월 17일 실시된 국민투표에서 투표율 85.28%, 찬성률 78.78%로 통과되었다. 12월 27일 박정희는 새 헌법에 따라 1963년 4월에 대통령선거를, 5월에 국회의원 총선거를 치를 것이라고 발표했다.

박정희는 대선과 총선 일정을 발표하던 날인 12월 17일 이렇게 밝혔다. "본인도 최고위원의 한 사람으로서 민정에 참여하기로 했다. 그러나 대통령에 출마할 것인가의 문제는 본인이 말할 입장에 있지도 않고 또 시기도 아니다. 대통령도 소속 정당의 추천을 받아야 입후보할 수 있게 되어 있으므로 당에서 추천하고 당의 총의로 결정지을 문제이다. 다만, 당에서 결정을 내린다면 당원은 당의 명령에 복종해야 한다고 생각한다." 그것은 실질적인 '대선 출마 선언'이었다.

중앙정보부와 재건동지회를 통해 관제여당인 민주공화당(공화당)을 비밀리에 '사전조직' 하고 있던 김종필은 1962년 12월 23일 '혁명동지'인 최고위원들에게 창당 상황을 보고했다. 그러자 사전조직에서 소외된 김동하, 김재춘 등 '반김종필 세력'은 공화당의 이원(二元)조직과 '공산당식 밀봉교육'을 비판하면서 창당에 반대했다.

한국의 군부와 미국 케네디 행정부도 박정희의 '민정 참여'에 반대했다. 1963년 2월 16일 국방부에서 열린 각 군 수뇌회의는 최고회의 의장 박정희의 민정 참여에 반대한다는 결의문을 채택했다. 나라 안팎의 강한 비판에 부닥친 박정희는 2월 18일 '군의 정치적 중립과 민간정부 지지, 5·16의 정당성 인정' 등 9개 항으로 이루어진 '시국수습안'을 발표하면서 그것이 받아들여지면 민정에 참여하지 않겠다고 약속했다.

박정희는 2월 27일 정당 대표들과 정치지도자들이 모여 '정국수습선서식'을 하는 자리에서 민정 불참 약속을 다시 확인했다. 그러나 그로부터 열흘도 지나기 전에 그 유명한 '박정희의 번의쇼'가 시작되었다. 그는 3월 7일 강원도 원주의 1군사령부를 방문한 자리에서 "해악을 끼친 구정치인은 물러나야 하며, 만약 정계가 혼란해진다면 다시 민정에 참여하겠다"라고 말했다. 3월 15일에는 수도경비사령부 소속 군인 80여 명이 무장을 한 채 최고회의 앞마당에서 '군정 연장 데모'를 하는 사건이 일어났다. 박정희는 그 이튿날인 3월 16일 "군정을 5년 연장하기 위해 국민투표를 실시하겠다"고 발표했다.

1963년 1월 1일 정치활동정화법에서 풀려 정치활동을 재개한 윤보선, 김병로, 이범석, 장택상 등은 3월 19일 박정희를 찾아가서 3·16성명을 철회하라고 요구했다. 동아일보와 조선일보가 3·16성명에 항의하는 뜻으로 사설을 싣지 않고 대학생들이 '군정 연장 반대' 데모를 벌이는 데도 박정희는 4월 10일, "앞으로 10년간은 안정이 있어야 하며, 이를 위해 자유민주주의를 표방하는 민족세력이 한데 뭉쳐 애국정당을 만드는 것이 필요하다"라고 말했다. 7월 27일 그는 민정 이양을 위한 선거일정을 발표하면서 그 자신과 다른 군인들의 민정 참여를 공식으로 선언했다. 박정희는 8월 30일 "다시는 이 나라에 본인과 같은 불운한 군인이 없도록 하자"라고 '비감하게' 말한 뒤 곧 육군대장 계급장을 떼고 전역했다. '민간인'이 된 박정희는 그날 공화당에 입당하고, 이튿날 열린 전당대회에서 총재로 뽑혀 대통령 후보 수락 연설을 했다. 그야말로 일사천리였다.

1962년 12월 26일에 공포된 '대한민국 헌법 제6호'의 '전문(前文)'은 이렇게 되어 있었다.

●●● 유구한 역사와 전통에 빛나는 우리 대한국민은 3·1운동의 숭고한 독립정신을 계승하고 4·19의거와 5·16혁명의 이념에 입각하여 새로운 민주공화국을 건설함에 있어서, 정의·인도와 동포애로서 민족의 단결을 공고히 하며 모든 사회적 폐습을 타파하고 민주주의 제도를 확립하여 정치·경제·사회·문화의 모든 영역에서 각인의 기회를 균등히 하고 의무를 완수하게 하여, 안으로는 국민 생활의 균등한 향상을 기하고 밖으로는 항구적인 세계평화에 이바지함으로써 우리들과 우리들의 자손의 안전과 자유와 행복을 영원히 확보할 것을 다짐하여, 1948년 7월 12일에 제정된 헌법을 이제 국민투표에 의하여 개정한다.

일본 육사를 우수한 성적으로 졸업하면서 '육군대신상'을 받고, 만주군에서 장교로 복무한 박정희가 '3·1운동의 숭고한 독립정신을 계승' 할 자격이 없음은 명백한 사실이었다. 그리고 학생과 시민의 피로 이루어진 4월혁명을 총칼로 뒤엎은 그가 어떻게 '4·19의거의 이념에 근거하여 새로운 민주공화국을 건설' 할 수 있었겠는가? 1963년 10월 15일에 치러진 제5대 대통령선거에서 민정당의 윤보선을 가까스로 누르고 당선된 박정희는 그 이후 16년 동안 철권독재정치를 펼쳤다. 박근혜는 그 엄연한 역사적 사실에 대해 비판과 반성을 하기는커녕 5·16쿠데타를 '구국의 영단' 이라고 칭송한다. 새누리당에서 가장 유력한 '미래권력' 인 그의 말을 누가 반박할 수 있겠는가?

새누리당의 원조인 민주공화당은 한국 정치에서 민주와 평화, 자주를 제거하는 역사적 과오와 횡포를 저질렀다. 1980년 '서울의 봄' 이후 새누리당의 뿌리는 민주공화당에서 민주정의당으로 뻗어나간다.

'광주 학살' 딛고 선 민주정의당

민정당 창당대회에서 민정당의 초대총재 겸 제12대 대통령 후보를 수락한 뒤 당기를 흔드는 전두환

1979년 10월 26일 박정희가 김재규의 총탄에 맞아 죽음을 당한 뒤 민
주공화당의 기능은 마비되다시피 했다. 공화당은 11월 10일 당무회의를
열어, 통일주체국민회의에 대통령 후보를 내지 않기로 결정한 뒤 창당
의 주역이었던 김종필을 총재로 선출했다. 그는 당을 재건하려고 했으

나 이렇다 할 성과를 거두지 못했다. 공화당은 1980년 10월 27일에 공포된 '제5공화국 헌법 부칙'에 따라 해산되었다. 공화당의 재산은 정당법 제41조에 의거한 청산위원회의 결정에 따라 그 뒤 민주정의당(민정당)에 양도되었다.

민주정의당은 그 이름과는 달리 1980년 5월의 '광주 학살'을 딛고 세워진 정치조직이었다. 박정희 피살 이후 민주화가 이루어질 것으로 기대하던 재야세력은 전두환이 이끄는 신군부의 군사반란과 5월 광주 항쟁 유혈 진압을 무기력하게 지켜볼 수밖에 없었다. 박정희의 죽음으로 권력의 진공 상태가 빚어진 가운데 전두환이 신군부의 우두머리로서 민정당을 만들기까지의 과정을 살펴보기로 하자.

10월 26일 밤 박정희의 사망이 확인되자 국무총리 최규하가 대통령 권한대행을 맡았다. 27일 새벽 비상국무회의가 비상계엄사령부를 설치하기로 의결한 뒤, 보안사령관이던 육군 소장 전두환은 계엄사 예하 합동수사본부장에 임명되어 박정희 피살 사건의 수사 책임을 맡았다. 그는 11월 6일, 그 사건은 김재규의 단독범행이라는 중간 수사결과를 발표하면서 대중의 관심을 끌기 시작했다. 전두환은 11월 중순부터 노태우, 정호용, 유학성 등 육사 동기생과 후배들로 이루어진 하나회를 중심으로 군사반란을 일으킬 모의를 시작했다.

12월 6일 최규하가 제10대 대통령으로 취임한 지 엿새밖에 되지 않은 12일 오후, 전두환은 노태우, 박희도, 최세창 등 하나회 핵심 인물들을 수도경비사령부 예하 제30경비단 단장실(경복궁 소재)로 불러 무력으로 서울 시내 일원을 장악할 계획을 알리면서 행동에 옮기라고 지시했다. 전두환은 대통령 최규하가 재가하지 않았는데도 육군참모총장 정승화와 대통령 비서실장 김계원을 '내란 방조' 혐의로 체포했다. 12월 13일 신군부 세력은 국방부, 육군본부, 수도경비사령부 등 주요 군 시설을 점령하고 실권을 장악했다.

대통령 최규하를 허수아비로 만들어버린 전두환 일파는 1980년 2월 보안사 정보처에 '언론반'을 설치하고 '군부의 정치 참여를 정당화' 하려는 목적으로 'K 공작 계획'을 실행에 옮기게 했다. 그해 3월 전두환은 '군인사법 위반' 논란을 무릅쓰고 육군 중장으로 진급해서 4월 14일 헌법이 정한 '정보기관의 일인 독점 금지'를 어기고 중앙정보부장 서리로 취임했다. 국내의 정보기관을 완전히 장악한 셈이었다.

4월 30일 계엄사령부가 전군지휘관회의를 열고 노동운동, 학원 시위, 정치인들의 집회에 강경하게 대처하기로 결의하면서 사회문제와 정치에 개입하기 시작하자 대학가에서 "계엄 철폐, 전두환 퇴진" 등의 구호가 터져나왔다. 신군부가 민주화운동과 야당을 탄압하고 스스로 권력을 잡으려고 한다는 것을 간파한 학생운동 진영은 5월 초순을 민주화 투쟁 기간으로 정했다. 대학생들은 교내에서 계엄 해제와 민주화 일정 촉진을 요구하는 시위와 강연 행사를 하면서 "유신잔당 퇴진" "과도정부 금년 내 종식과 민간정부 출범" "노동삼권 보장" 등 구호를 외쳤다.

5월 14일에는 서울시내 21개 대학의 7만여 명이, 지방에서는 3만여 명이 거리로 나서 시위를 벌였다. 15일에는 서울의 35개 대학과 지방의 24개 대학에서 나온 학생 수만명이 주요 도시들의 거리를 메웠다.

●●● 서울의 경우 학생들이 서울역과 남대문 사이에 집결하여 일부는 경찰의 시청 앞 저지선을 뚫기 위해 격렬한 공방전을 벌였고, 나머지 대다수는 서울역 앞 광장에 연좌하여 계엄 철폐, 신현확(국무총리)과 전두환 퇴진 등을 요구하면 농성을 벌였다. (······)

하지만, 당시 서울역에 모인 학생들을 지도할 수 있는 역량을 가진 집단은 없었다. 학생들의 생각은 군인들이 개입하면 막는다는 것이 전부였고, 현장 지도부에도 구체적인 계획은 부재했다. 학생회장단은 농성 몇 시간 만에 내무부 장관과 전화 통화를 하여 학교로 완전히 귀환하는 것을 보장받는 선에서 타협을 보고, 학생들을 설득하여 각 대학으로 돌아가게 했다.

(《한국민주화운동사 3》) 72~73쪽)

이것이 한국 학생운동사에서 논란을 일으킨 '서울역 회군'이라는 사건이었다.

5월 17일 전두환은 전군주요지휘관회의가 계엄 확대, 비상기구 설치 등을 뼈대로 하는 '시국수습 방안'을 의결하게 한 뒤 대통령과 국무총리에게 '건의'하도록 했다. 18일 자정에 군 병력이 중앙청과 국회를 포위한 상태에서 비상계엄이 전국으로 확대되었다. 신군부는 김대중과 김종필 등 야당 지도자들을 영장 없이 불법으로 체포하고 김영삼 등을 가택에 연금시켰다. 신군부는 계엄포고령 제10호를 발표해 일체의 정치활동을 금지하고, 대학에 휴교령을 내리는 한편 언론 검열 조치를 강화했다. 이것이 전두환이 주도한 '5·17 군사쿠데타'였다. 1961년 5월 16일에 박정희가 걸어간 길을 정확히 19년 하루만에 따라갔던 것이다.

5월 18일 아침, 텔레비전 뉴스를 통해 '신군부의 쿠데타' 소식을 알게 된 광주 전남대 학생들은 학교 정문으로 모여들었다. 교문을 막고 있던 공수부대원들이 '휴교령이 내렸으니 집으로 돌아가라'고 위협하는데도 학생들이 불응하자 군인들은 몽둥이로 무차별 공격을 가하기 시작했다. 학생들은 돌멩이를 던지며 저항하다가 전남도청 앞 광장으로 몰려갔다. 1,000여명으로 불어난 학생들이 "계엄령 해제하라" "김대중 석방하라" 등 구호를 외치자 많은 시민이 호응했다. 그것이 역사적인 '광주 민중항쟁'의 시작이었다.

5월 19일 시위대가 5,000여명으로 불어나자 계엄군은 장갑차를 앞세우고 착검한 총으로 '진압'에 나섰다. 20일에 20만여명으로 늘어난 시위대 가운데 일부가 계엄군의 저지선을 뚫고 도청 건물을 장악했다. 계엄군의 시외전화 차단으로 광주가 고립된 상황에서 그날 밤늦게 계엄군이 시민들을 향해 총을 쏘기 시작했다. 21일 계엄군의 총탄에 맞아 수십명이 사망하자 군중은 '시민군'을 결성하고 경찰서에서 탈취한 총기로 무장했다.

시민군과 계엄군의 시가전이 치열하게 벌어지는 가운데 광주와 전남 일부 지역에서는 군인들이 무고한 사람들을 살상했다. 공수부대원들이 총검과 몽둥이로 남녀노소를 가리지 않고 시민들을 살육하는가 하면 마구잡이로 연행해서 감금하기도 했다. 항쟁 마지막날인 5월 27일 새벽 계엄군이 전남도청에서 저항하던 시민군을 '제압'하기까지 학살당한 시민과 부상자는 셀 수도 없이 많았다. 광주항쟁 29주년인 2009년에 광주광역시는 사망자가 163명, 행방불명자가 166명, 부상자가 3,139명이라고 발표했다. 그러나 5·18민주유공자 유족회와 5·18기념재단 등 4개 단체가 공식 발표한 통계자료를 보면 사망자가 606명으로, 그 가운데 165명은 항쟁 당시에 숨졌고, 다친 뒤 사망한 것으로 추정되는 사람은 376명이다.

그 참극의 '최고 책임자'는 전두환이었다. 그는 김영삼의 문민정부 시기인 1996년 1월 24일, 노태우 등 15명과 함께 '내란 및 반란' 등 혐의로 구속 기소되어 8월 26일 서울지방법원에서 사형을, 12월 16일 서울고등법원에서 무기징역과 추징금 2,205억 원을 선고받았다. 대법원은 1997년 4월 17일 전두환의 상고를 기각했다. 대법원은 전두환 등이 '반란수괴, 반란 모의 참여, 반란 중요 임무 종사, 상관 살해, 내란 수괴, 내란 목적 살인, 특정범죄가중처벌법 등에 관한 법률 위반(뇌물)' 등을 저질렀다고 확정 판결했다.

그런데 그렇게 끔찍한 죄를 지은 전두환이 신군부를 이끌고 민주정의

당을 만들어 제5공화국을 세우는 데 앞장섰다. 그가 가장 먼저 한 일은 광주 항쟁을 총칼로 '진압' 한 지 사흘 뒤인 5월 31일 국무회의 의결을 거쳐 국가보위비상대책위원회(국보위)를 신설한 것이었다. 명목상 국보위는 대통령이 위원장이 되고 국무총리와 국무위원, 각 군 참모총장 등이 참여하는 조직이었지만 실질적인 권한은 전두환이 위원장을 맡은 상임위원회에 있었다.

1980년 7월 4일 계엄사는 이른바 '김대중 일당의 내란음모사건' 을 발표했다. (나중에 정보기관의 고문과 조작으로 날조된 것으로 드러남). 전두환의 신군부는 7월 30일, "반체제 인사, 용공 또는 불순한 자, 특정 정치인과 유착되어 국민을 오도한 자"라는 등의 이유로 언론인 933명을 강제해직하도록 언론사에 압력을 가했다. 그리고 이튿날 정기간행물 172종을 폐간했다.

신군부가 저지른 야만적 행위로 광주 학살에 버금가는 것은 삼청교육이었다. 국보위 상임위원장 전두환의 재가를 받아 시작된 '사회정화사업' 은 1980년 8월 1일부터 이듬해 1월 25일까지 모두 6만755명을 대상으로 실시되었다.

●●● 국방부 과거사진상규명위원회의 삼청교육대사건 조사결과 발표에 따르면, 1980년 8월 4일부터 1981년 12월 5일까지 삼청교육대 수용자 4만여 명 가운데 중학생 17명을 포함해 980명이 학생이었고, 여성도 319명에 이른 것으로 밝혀졌다.

삼청교육은 연병장 둘레에 헌병을 배치하고 엄중한 집총 감시를 하는 가운데 진행되었으며, 순화교육이라는 미명하에 자행된 구금, 강제노역, 구타, 기합 등 가혹행위로 교육 중 수십 명의 사망자가 발생했다고 전해진다. (…) 구타와 육체적 고통을 가하는 얼차려가 빈번했고, 특히 지시 불이행이나 태도 불량자 등에게는 '잠 안 재우기', '알몸 상태에서 물 붓기', '문신 속 동물 때려잡기' 등 온갖 인권유린 행위가 빈번했다.

〈〈한국민주화운동사 3〉 158쪽〉

전두환의 신군부는 극악한 수단으로 대중을 억압했다. 그런 점에서 그들은 박정희 공포정치의 '진정한 계승자'였다. 초법적 기구를 동원해서 악법들을 제정하고, 민주화를 요구하는 정치세력을 투옥하거나 숙청한 전두환은 1980년 8월 27일 열린 통일주체국민회의의 대통령선거에 단일후보로 나섰다. 그는 총투표자 2,525명 가운데 2,524명의 찬성, 1명의 무효표로 제11대 대통령에 당선되었다.

전두환은 대통령에 취임한 뒤에 개헌심사위원회를 발족시켜 9월 29일에 '제5공화국 헌법개정안'을 공고했다. 개정안은 1인 장기집권을 배격한다는 명분으로 대통령의 임기를 7년 단임으로 하고, 국회의원의 3분의 1을 대통령이 추천하게 한 제도를 폐지하는 등 유신헌법의 독소조항들을 없애거나 완화했다. 그러나 대통령 간접선거제를 유지함으로써 신군부의 집권 연장이 가능하게 했다. 10월 22일 국민투표에 부쳐진 헌법개정안은 95.5%의 투표율에 91.6%의 찬성으로 확정되었다. 10월

27일부터 발효된 개정헌법에 따라 전두환은 국회, 정당, 통일주체국민회의를 해산하고, 국가보위입법회의를 설치하여 국회의 기능을 대신하도록 했다. 전두환이 임명한 81명으로 구성된 입법회의는 제11대 국회가 개원하기까지 156일 동안 215건의 안건을 접수해서 100% 가결했다.

대통령선거를 앞둔 1981년 1월 15일, 전두환 정권은 신군부 출신과 유신체제에서 일하던 구여권 사람들, 그리고 정권에 순응하거나 우호적인 지식인들을 중심으로 민주정의당을 창당했다. 전두환은 창당대회에서 당 총재 및 대통령 후보로 선출되었다. 민정당은 박정희가 지배하던 민주공화당처럼 전두환을 '절대권력자'로 섬기는 조직이었다. 12·12 군사반란과 5·17 쿠데타라는 '반국가행위'를 자행한 뒤 광주 학살의 피를 묻힌 채 집권한 신군부가 만든 민정당은 1987년의 6월항쟁에 밀려 절체절명의 위기에 부닥칠 때까지 전두환에게 충성을 바친다.

6월항쟁을 배반한 3당 야합

시청 앞 광장을 지나는 고 이한열 운구행렬을 지켜보기 위해 모인 인파

'광주학살'을 딛고 박정희 독재체제를 실질적으로 계승한 전두환 정권은 국민 대중의 비판의식을 누그러뜨리는 한편 억압적 통치와 사회적 모순을 눈가림하기 위해 미국이 주로 '애용'하는 '3S 정책(스포츠·스크린·섹스를 통한 대중 세뇌)'을 적극적으로 추진했다. 1982년 3월 23

일에 프로야구를 출범시킨 뒤 방송사들이 황금시간대에 중계하도록 한 것이 시발이었다. 전두환 정권은 비슷한 무렵에 '에로영화'에 대한 검열을 크게 완화함으로써 〈애마부인〉, 〈엠마뉴엘〉 같은 도색영화들이 흥행 돌풍을 일으킬 수 있게 했다. 1982년 1월 5일, 36년만에 야간통행금지제도가 폐지되자 대도시들은 물론이고 농촌에도 '해방감'이 넘쳐 그 여파로 '섹스산업'이 활기를 띠게 되었다.

그렇게 외관상으로는 자유가 넘치는 듯이 보였지만, 전두환 정권은 유신독재체제 못지않은 억압과 탄압을 계속했다. 경찰이 시위를 주도하는 대학생들을 연행해서 조사한 뒤 바로 입영시키는가 하면, 국군보안사령부가 이른바 '녹화사업' 전담부를 만들어, 학생운동을 하다가 강제 입대 당한 군인들에게 대학 선후배들을 만나 '프락치 활동'을 하도록 강요하기도 했다. 전두환 정권은 농민·노동·청년·여성·문화를 비롯한 재야운동권에 대해서도 감시와 미행, 도청을 상시적으로 자행하면서 핵심적 활동가들을 끊임없이 투옥했다.

전두환의 대통령 임기가 3년쯤 남은 1985년 2·12 총선에서, 미국에 망명하고 있던 김대중과 국내의 김영삼이 주도한 '민주화추진협의회(민추협)'가 서둘러 만든 신민당이 제일야당으로 등장했다. 84.2%라는 높은 투표율을 기록한 그 총선에서 민정당은 148석(지역구 87석, 전국구 61석), 신민당은 67석(지역구 50석, 전국구 17석)을 차지했다. 신민당의 의석은 민정당에 비하면 아주 적었지만, 전두환 정권이 밀어주던

'야당'인 민한당의 35석(지역구 26석, 전국구 9석)에 비하면 놀라운 성과였다.

총선 결과에 고무된 민주화 운동권에서는 군사독재정권의 장기집권을 보장하는 '5공화국 헌법'을 개정해야 한다는 논의가 일어나기 시작했다. 그러자 신민당은 1985년 9월 '개헌을 위한 특별위원회'를 정기국회에서 설치하자고 공식적으로 제안했다. 재야운동권의 전국조직인 민주통합민중운동연합(민통련, 의장 문익환)은 11월 20일 '민주헌법쟁취위원회'를 구성하고, "모든 국민의 여망인 군사독재 타도와 민주 헌법 쟁취를 위해 모든 국민과 더불어 적극적으로 투쟁할 것"을 결의했다. 신민당과 민추협은 1986년 2월 12일 '대통령 직선제 개헌 1,000만 명 서명운동'을 시작한 뒤 전국을 돌면서 개헌추진위원회 지부 결성식과 개헌 현판식을 잇달아 열었다. 민통련은 4월 초 집행부 회의에서 신민당의 개헌추진위 결성대회에 주도적으로 참여하기로 결정했다.

4월 5일 민통련 본부와 경북지부, 학생운동세력이 대구에서 주관한 집회에 시민 5,000여 명이 참여한 이래 여러 도시의 개헌추진위원회 결성 모임에 대중이 뜨겁게 호응하자 전두환은 4월 30일 "여야가 합의하면 임기 중에도 개헌할 용의가 있다"라고 밝혔다. 그러나 신민당과 민통련은 5월 3일, 개헌추진위 경기·인천지부 결성대회를 계획대로 열었다. 5만여명이 참여한 그날 대회는 나중에 '인천 5·3항쟁'으로 불리게 되었는데, 신민당과 민통련의 원래 의도와는 달리 정치노선과 이념을 달리하는 운동권 단체들이 "미제 축출, 파쇼 타도" 같은 구호를 외치고 나섬으로써 단합된 의지를 보여주지는 못했다. 그러나 5·3항쟁은 1987년의 6월항쟁으로 가는 디딤돌이 되었다는 점에서 역사적으로 중요한 의미를 갖는 것이었다.

1987년의 정국은 '박종철 고문치사 사건'으로 새해 초부터 뜨겁게 달아오르기 시작했다. 서울대 언어학과 학생 박종철(당시 21세)이 1월 14일 치안본부 남영동 대공분실에서 고문을 당하다 숨진 사건이 15일자 중앙일보 사회면에 2단으로 보도되자 치안본부장 강민창은 "심문 시작 30분만인 14일 오전 11시 20분경에 수사관이 주먹으로 책상을 '탁' 치며 추궁하자 '억' 하며 쓰러졌다"라고 발표했다. 그러나 의사가 검시한 결과 박종철은 고문 때문에 숨이 끊어진 것으로 드러났다.

박종철 사건은 민주화 운동권의 격렬한 항의 집회와 시위를 촉발했다. 2월 7일 전국 대도시들에서 열린 '박종철 추도대회'를 시발로 '살인정권'을 규탄하는 소리가 갈수록 높아졌다. 그러자 전두환은 4월 13일 '특별담화'를 발표했다. "이제 본인은 임기 중 개헌이 불가능하다고 판단하고, 현행 헌법에 따라 내년 2월 25일 본인의 임기 만료와 더불어 후임자에게 정부를 이양할 것"이라는 내용이었다. 5,000명 이상으로 구성되는 대통령선거인단이 7년 단임의 대통령을 선출하게 되어 있는 헌법을 고수하겠다는 뜻이었다. 그것이 이른바 '전두환의 4·13 호헌조치'였다. 바로 그날부터 '호헌조치' 반대투쟁이 시작되었다. 민족·민주운동단체들은 물론이고 종교인들과 교수들까지 그 투쟁에 참여했다.

광주 항쟁 7주년이 되는 1987년 5월 18일 충격적인 사건이 일어났다. 천주교정의구현전국사제단을 대표해서 신부 김승훈이 명동성당에서 기자회견을 갖고 "박종철 군 고문치사사건의 진실이 조작되었다"라고 폭로했던 것이다. 그는 구속된 두 경찰관이 감방에서 교도관에게 실토한 내용을 바탕으로, 고문 당사자들의 이름과 직위를 밝힌 뒤 치안본부 고위 간부들이 고문사건의 진상을 은폐하고 조작했다고 밝혔다. 그 기자회견은 전두환 정권에 치명적 타격을 가했다.

5월 27일 오전 서울 향린교회에서 정계와 재야운동권 대표 2,191명이 발기인으로 참여해서 '민주헌법쟁취국민운동본부(국본)'를 결성했다. 국본은 창립 직후부터 6월항쟁을 주도하는 역사적 임무를 맡게 된다.

6월 9일 서울, 부산 등 전국의 여러 대학에서 '6·10 규탄대회 총궐기를 위한 실천대회'에 이어 가두시위가 벌어졌다. 그런데 그날 뜻밖의 사건이 터졌다. 연세대 교문을 나서 시위를 벌이던 학생들 가운데 경영학과 2학년생인 이한열이 경찰이 쏜 최루탄에 뒷머리를 맞아 혼수상태에 빠진 것이었다. 피를 흘리는 그를 한 남학생이 끌어안고 있는 사진을 언론에서 본 사람들의 분노는 극에 이르렀다.

6월 10일 오전 10시 민정당은 '제4차 전당대회 및 대통령 후보 지명대회'를 일사천리로 진행했다. 전두환이 후계자로 지명한 노태우는 그 자리에서 "양 대사(대통령 선거와 88올림픽) 이후에 내각제 합의개헌안을 관철하겠으며, 민주 발전을 위해 누구와도 대화를 하겠다"라고 말했다. 국본은 서울 성공회 대성당 출입문 위에 '고문살인 은폐 규탄 및 호헌철폐 국민대회' 라는 대형 플래카드를 걸고, 민정당 전당대회가 열리는 오전 10시에 맞춰 옥외 스피커를 통해 "국민 합의를 배신한 4·13 호헌조치의 무효를 전 국민에게 선언한다"라고 방송했다.

6월 10일 오후 1시경부터 서울 시내 곳곳에서 벌어진 가두시위는 전국의 각계각층으로 확산되었다. 명동성당은 '농성투쟁' 의 본거지가 되었고, '넥타이 부대' 로 불리는 지식인층 직장인들의 대대적 시위 참여는 6월항쟁의 승리에 결정적으로 이바지했다. 국본이 주도한 '6·26 국민평화 대행진' 에는 전국 34개 도시와 4개 군에서 100만여 명의 군중이 참여했다. 1960년의 4월혁명 이래 최대 규모였다. 국본은 6월 27일 오전 8시 상임공동대표 회의를 열고 "현 정부는 이제 국민의 뜻에 따라 새 헌법에 의한 정부 이양 일정을 구체적으로 밝히라"고 요구했다.

민정당 대표 노태우는 6월 29일 오전 중앙집행위원회 회의에서 8개 항으로 된 '6·29선언'을 발표했다. 그 내용 가운데 중요한 것은 다음과 같다. "첫째, 조속히 대통령 직선제 개헌을 하고 새 헌법에 의한 대통령 선거를 통해 1988년 2월 평화적 정부 이양을 실현한다. (…) 셋째, 김대중 씨 등을 사면 복권하고, 시국 관련 사범들을 석방한다."
    국본을 비롯해서 김영삼과 김대중 등 정치인들은 '6·29선언'을 환영한다고 발표했다.

●●● 6월민주항쟁은 3·1운동과 해방이 그랬던 것처럼 커다란 변화를 가져왔다. 정치만 그러한 것이 아니고 사회 여러 부문도 그러했다. 정치에서 상당 부분 제도적 민주주의가 이루어졌고, 지방자치도 30여 년 만에 단계적이기는 하지만 실현되었다. 6월 민주항쟁의 후속으로 87 노동자 대투쟁이 일어나면서 노동부문에서 민주주의가 확장되었고, 농민 부문에서도 민주주의가 진전되었으며, 빈민활동도 활발해졌다. 대학을 비롯해서 적지 않은 사회단체나 조직, 기관에서 민주화가 상당 부분 이루어졌다. 자유도 큰 폭으로 획득되었다. 언론·교육·학문·예술의 자유가 크게 확대되었다. 노래도 영화도 상당 부분 부르고 싶은 것을 부르고, 보고 싶은 것을 볼 수 있게 되었다. 6월 민주항쟁과 87 노동자 대투쟁에 이어 1988년에는 통일운동이 거세게 일어났다. 국가보안법은 살아 있었지만, 일정 기간 극우 반공세력의 수구 냉전 이데올로기는 일단은 뒤로 물러날 수밖에 없었고, 북에 대한 객관적 이해가 깊어졌으며, 남북관계가 개선되기 시작했다.

《〈한국민주화운동사 3〉 349쪽》

6월항쟁이 한국의 역사를 크게 진전시켰다는 데 이의를 제기할 사람은 거의 없을 것이다. 그러나 국본에 참여한 민주화 운동권 인사들과 정치지도자들이 '대통령 직선제 개헌'에 집중한 나머지 '6·29 선언'이 실질적으로 군사독재를 연장하게 될 가능성을 진지하게 검토하지 못했다는 사실은 두고두고 논란의 대상이 되었다.

전두환은 1987년 7월 10일 김대중을 포함한 2,335명에 대한 사면·

1987년 10월25일 고려대 운동장에서 열린 '거국중립내각쟁취실천대회'에 참석한 김대중·김영삼

복권을 발표했다. 그 조치에 따라 김대중은 대통령 선거에 출마할 수 있는 자격을 되찾게 되었다. 10월 12일에는 '1987년 헌법'이 여야 합의로 국회에서 의결되어, 27일 실시된 국민투표에서 93.1%의 찬성을 받아 29일에 공포되었다. 개정된 헌법은 5년 임기의 대통령 단임제를 채택했다.

6월 10일의 전당대회에서 이미 민정당 대통령 후보로 확정된 노태우가 신속하게 선거운동을 벌인 데 반해 야권은 후보를 정하지 못한 채 시간을 보내고 있었다. 민주당 총재인 김영삼은 자신을 단일후보로 정하자고 주장했고, 당적이 없던 김대중은 8월 8일 민주당에 복당한 뒤 경쟁을 통한 단일화를 하자고 맞섰다. 두 사람은 대규모 군중집회를 열면서 세를 과시했으나 그것으로 우열이 가려지지는 않았다. 재야운동권이 후보 단일화를 이루려고 노력했으나 그들은 서로 양보하지 않았다. 결국, 10월 10일 김영삼이 민주당 후보로 대선에 출마하겠다고 선언했고, 김대중은 28일 신당(평화민주당)을 만들어 대선에 나서겠다고 발표했다.

양김의 분열은 전두환과 노태우 진영이 노리던 것이었다. '6·29 선언' 이전에 전두환은 후계자인 노태우에게 대통령 직선제를 수용하라고 권했으나 그가 망설이자 "김영삼과 김대중이 분열하면 민정당의 필승"이라고 설득했다고 한다. 11월에 들어 대통령 선거는 4파전의 양상으로 나타났다. 민정당의 노태우, 통일민주당의 김영삼, 평화민주당의 김대중, 그리고 신민주공화당을 창당한 김종필이 경쟁하는 구도였다.

12월 16일에 치러진 제13대 대통령 선거 결과 노태우가 총 유효투표의 36.6%를 얻어 당선되었다. 김영삼은 28.0%, 김대중은 27.1%를 차지했다. 서울 구로구청에서 민정당의 선거부정에 항의하는 집회와 농성이 벌어지고 '컴퓨터를 통한 개표 조작' 혐의가 제기되기도 했으나 노태우의 당선을 무효로 만들지는 못했다. 노태우가 대통령이 됨으로써 6월 항쟁으로 얻어낸 대통령 직선제는 빛이 바래고 말았다. 전두환의 군사독재체제가 연장되었기 때문이다.

1988년 4월의 13대 총선에서는 야권의 분열에 힘입어 민정당이 당연히 압승하리라는 것이 언론과 전문가들의 예측이었다. 그러나 26일에 치러진 선거 결과는 예측을 완전히 뒤엎었다. 민정당이 125석, 평민당이 70석, 민주당이 59석, 공화당이 35석으로 세 야당의 의석을 합하면 164석으로 민정당보다 훨씬 많았다. 득표율은 민정당이 34%인 데 비해 세 야당의 합계치는 66%였다. 한국 정치사상 유례가 없는 '여소야대' 체제가 이루어진 것이었다.

노태우 정권은 극도로 왜소해진 의회 세력 때문에 '식물정권'으로 전락할 처지가 되었다. 민정당과는 다른 차원에서 자존심이 상한 쪽은 민주당의 김영삼이었다. '숙명의 경쟁자'인 김대중의 평민당이 '야권 분열의 장본인'이라는 비판을 딛고 일어나서 제1야당이 되었기 때문이다.

여소야대는 정치에 큰 변화를 일으켰다. 1988년 7월 2일 세 야당은 노태우의 첫 인사조치인 대법원장 임명동의안을 부결시키는가 하면, 가을의 정기국회에서는 유신체제 시기에 폐지된 국정감사를 부활시켰다. 박정희의 유신독재와 전두환의 군사독재 시기에 제정된 악법들을 개폐하기 위해 '안기부법' '집시법' 등을 개정하려는 움직임이 활발해졌다.

정국의 주도권을 장악한 세 야당은 공조체제를 통해 정치·사회적 중요 사건들을 다룰 특별위원회들을 설치했다. 그 가운데 특히 관심을 모은 것은 '5공 비리 특위'와 '광주 특위'였다. 1988년 8월 3일 세 야당은 전 대통령 전두환 등 16명에 대한 출국금지 요청안을 국회에서 통과시켰다. 서울올림픽이 끝난 뒤인 11월에 열린 5공 비리 청문회와 광주 청문회에서는 전두환과 친인척의 부정과 비리가 샅샅이 드러나고 광주 학살의 진상이 밝혀졌다.

세 야당의 정치공세를 버텨낼 수 없던 노태우 정권은 특별수사부를 설치하고 전두환의 친인척과 비위 관련 공직자 47명을 구속 기소할 수밖에 없었다. 전두환은 11월 23일 대국민 사과문을 통해, 재산을 국가에 헌납하고 국가원로자문회의 의장직과 민정당 명예총재직을 사퇴하겠다고 밝혔다. 그는 2월에 아내 이순자와 함께 강원도 백담사로 가서 '귀양살이'를 하다가 1989년 초 5공 청문회에 불려나와 '광주 학살'에 관한 국회의원들의 날카로운 질문에 진땀을 흘렸다.

　여소야대 체제가 1년 9개월쯤 지속되던 1990년 1월 22일, 민정당의 노태우, 민주당의 김영삼, 공화당의 김종필이 청와대에 모여 '3당 합당'을 발표했다. 그들은 공동발표문을 통해 "4당으로 갈라진 현재의 구조로는 나라 안팎의 도전을 효율적으로 헤쳐 나라의 앞날을 개척할 수 없다"면서 "자유와 민주의 이념을 함께 나누며 정책노선을 같이 하는 정치세력이 뭉쳐 정책 중심의 정당정치를 실현"함으로써 "당파적 이해로 분열, 대결하는 정치에 종지부를 찍기로 했다"라고 선언했다.

●●● 놀라운 사건이었다. 김종필은 그렇다 치더라도 민주투사 김영삼이 그간 불구대천의 원수쯤으로 여겨왔던 노태우와 당을 합쳐 동지가 되겠다니! 평소 '왔다 갔다 하거나 야당 하다가 여당으로 간 사람 중에 국민의 인정을 받는 사람이 누가 있겠느냐'고 말해온 김영삼이 아니었던가.

　3당 합당은 군사작전 식으로 이루어졌기에 놀라움은 더했다. 1990년이 열리면서 세간엔 정계 개편이니 연합이니 하는 말이 떠돌고 있었지만, 노태우 정권은 한사코 이를 부인했다. (……)

3당 합당은 그 주역들에 의해 '구국적 영단' '살신성인의 결단' '역사의 도도한 흐름' '혁명적 신사고' 등으로 예찬 되었다. 특히 김영삼은 자신의 변신을 '신사고에 의한 구국적 결단'이라고 했으며 '이번의 결단은 위대한 결정이요 혁명'이라고 주장했다.

(강준만 〈한국현대사 산책 1990년대 편 1권〉 17~18쪽)

'정통야당'이라고 주장하던 통일민주당의 김영삼 직계 정치인들 가운데는 3당 합당을 '야합'이라고 비난하면서 그를 따라가지 않은 이들이 있었다. 이기택, 김정길, 김상현, 박찬종, 노무현, 이철 등이었다. 그들은 외롭게 남아서 '작은 민주당'을 유지했다.

야당에 남겠다고 하다가 결국 김영삼의 3당 합당에 합류한 정치인에 대해 노무현은 이런 기록을 남겼다.

●●● 그 친구는 어디서 그렇게 술을 마셨는지, 아예 인사불성이 되어 있었다. 2층의 방 안에 틀어박힌 채 고래고래 질러대는 그의 고함소리가 처절한 신음소리로만 들릴 뿐이었다. (《여보 나좀 도와줘》 82쪽)

1990년 2월 9일 3당 합당으로 민주자유당(민자당)이 창당되었다. 총재는 노태우가 맡았고, 김영삼과 김종필은 최고위원이 되었다. 세 사람이 '내각제 밀약'을 했다는 사실은 그해 5월 31일 중앙일보의 단독보도로 세상에 알려졌다. 그들이 친필로 서명한 합의문(1990년 5월6일 작성)의 내용은 아래와 같다.

●●● "역사적인 민주자유당의 제1차 전당대회를 앞두고 우리 3인은 신뢰와 협조 아래 국가와 당의 발전을 위하여 합당정신에 입각, 헌신할 것을 다짐하며 다음과 같이 합의한다.

1) 의회와 내각이 함께 책임지는 의회민주주의를 구현한다.

2) 1년 이내에 의원내각제로 개헌한다.

3) 이를 위하여 금년 중 개헌작업에 착수한다."

김종필은 중앙일보의 보도에 관해 '합의서'를 작성한 사실을 인정하면서, 1991년 5월부터 "내각제 개헌 약속을 지키라"고 노태우와 김영삼에게 끈질기게 요구했다. 그러나 노태우는 아무런 대답도 하지 않았고, 김영삼은 합의문의 존재 자체를 부인했다.

3당 합당은 마땅한 차기 대선 후보가 없던 민정당의 노태우, 대통령에 대한 집착이 유난히 강했던 김영삼, 그리고 내각제를 통해 집권해서 정권의 중심이 되려던 김종필의 이해관계에 따른 '야합'으로 드러났다. 3당 합당을 옹호하던 정치인들과 학자들은 "정치 발전을 위한 보수 대연합"이라고 강조했으나 그 이후의 역사를 보면 민자당이 정치 발전에 기여한 바는 거의 보이지 않았다.

무엇보다도 중요한 사실은 3당 합당이 6월항쟁의 이념과 정신을 배반했다는 것이다. 노태우는 '6·29 선언'을 발표한 당사자로서, 유권자 대다수의 뜻에 따라 이루어진 여소야대 체제를 무너뜨리기 위해 '야합'을 주도했다. 김영삼은 6월항쟁에 적극 참여한 야당의 총재로서 군사독재자 전두환의 후계자인 노태우와 손을 잡았다. 박정희와 함께 5·16 쿠데타를 일으킨 김종필이 나라를 구하기 위해 3당 합당에 참여했다는 말을 믿은 사람은 별로 없었을 것이다.

●●● 1990년대 한국 정당정치의 파행을 예고한 3당 합당이 가져온 결과는 적지 않은 것이었다. 가장 가시적이고도 직접적인 효과는 의회정치의 실종과 각종 개혁입법의 후퇴로 나타났다. 합당의 결과, 헌정사상 가장 개혁적이던 국회는 곧 보수적인 국회로 돌변하게 되었고, 국가와 의회 사이의 힘의 균형이 정부 여당으로 이동하면서 다양한 영역에서 권위주의적 정책으로 회귀하는 양상이 나타났다. 3당 합당 직전 여야 영수가 합의하였던(12월 15일의 대타협) 지자체 실시는 무기한 연기되었고, 국가보안법과 안기부법 개정을 포함한 악법 개폐는 민자당에 의해서 거부되거나 의회에서의 날치기 처리를 통해 단계적으로 파기되었다.

〈한국민주화운동사 3〉 429∼430쪽)

노태우, 김영삼, 김종필의 '오월동주(吳越同舟)'는 파탄의 불씨를 안은 채 1992년의 대통령 선거를 향해 가고 있었다.

'신한국' 없는 김영삼의 신한국당

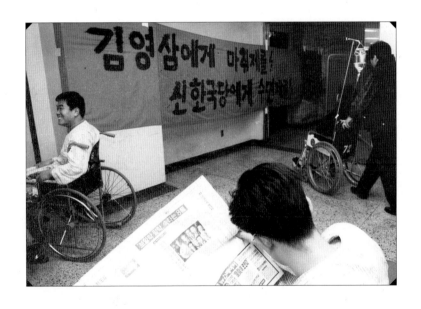

3당 합당 2년 2개월 뒤인 1992년 3월 24일 제14대 총선이 치러졌다. 종전보다 낮은 71.9%의 투표율을 기록한 선거에서 민자당은 116석을 차지했다. 총선 전의 218석에 비해 69석이나 줄어든 것이었다. 반면에 제1야당인 민주당은 75석, 현대그룹 회장 정주영이 만든 국민당은 24

석을 얻었다.

총선 참패에 대해 민정계 정치인들은 '김영삼 책임론'을 제기했다. 당 대표인 김영삼이 이끄는 민주계가 부산을 제외한 지역구들에서 전멸하다시피 했기 때문이다. 민정계가 그 무렵 김영삼을 대표직에서 끌어내리려고 언론에 흘린 것이 1990년 5월 노태우, 김영삼, 김종필이 작성한 '내각제 합의서'였다는 사실이 나중에 확인되었다. 궁지에 몰린 김영삼은 청와대로 노태우를 찾아가서 담판을 벌인 뒤 민정계의 '실력자'인 김윤환의 지원을 받아내는 데 성공했다.

김영삼은 총선 나흘 뒤인 3월 28일 민자당 대통령 후보 경선에 출마하겠다고 발표했다. 5월 19일에 열린 민자당 전당대회에서 그는 총 투표의 66.3%를 얻어 '불공정 경선 거부'를 선언한 이종찬(득표율 33.3%)을 누르고 대통령 후보로 선출되었다. 김영삼은 후보 수락 연설에서 이렇게 말했다. "3당 통합의 결실을 바탕으로 민주주의의 완성, 선진경제의 실현, 민족통일의 성취를 향해 매진하겠다."

14대 대통령 선거는 민자당 김영삼, 민주당 김대중, 국민당 정주영의 3파전이었다. 세 사람 가운데 유독 김영삼은 대다수 보수언론의 전폭적 지원을 받았다. 1992년 10월 1일자 기자협회보가 발표한 '언론계 김영삼 장학생'의 실체가 그것을 입증했다. 연합통신 편집국의 부국장 김 아무개가 민자당 김영삼 총재와 그의 비서실장 등에게 주요 언론사 편집·보도국 간부들과 기자들의 성향과 동향을 수시로 보고하는가 하면 조직적인 모임을 통해 그들을 김영삼 쪽으로 끌어들이는 '언론공작'을 벌여온 사실이 드러난 것이었다. 그러나 한겨레신문말고는 그렇게 중대한 '언론 프락치 사건'을 제대로 보도한 곳이 없었다.

대통령 선거를 사흘 앞둔 12월 15일 김영삼에게 치명적인 타격이 될 수도 있는 사건이 터졌다. 국민당 후보 정주영의 선거대책본부장인 김동길이 긴급 기자회견을 열고, "12월 11일 부산의 '초원' 복국집에서 주요 기관장들이 김기춘 전 법무부장관 주재로 선거대책 모임을 갖고 지역감정을 유발해서라도 김영삼 후보를 대통령으로 당선시키자고 모의했다"라고 폭로했다. 국민당은 부산 시장과 경찰청장, 안기부 지부장, 지검장 등이 참석한 그 모임에서 오간 대화 내용을 녹음한 테이프와 기록을 공개했다. 정부는 15일 저녁 부산시장 김영환을 해임하고 경찰청장 등을 직위 해제했다.

김영삼은 17일 기자회견을 통해 "'부산 사건'은 나를 떨어뜨리기 위한 공작적 발상에서 나온 것"이라고 주장하면서 "나는 이번 사건의 최대 피해자"라고 말했다. 조선일보를 비롯한 보수언론은 '초원 복국집 사건'이 얼마나 엄청난 불법행위인지보다는 김영삼의 해명을 더 크게 보도했다. 그리고 영남지역에서는 "우리가 남이가"라는 말이 널리 퍼지면서 오히려 김영삼을 더 지지하는 경향이 나타났다.

1992년 12월18일에 치러진 대통령 선거는 김영삼의 승리로 끝났다. 그는 총 유효표의 41.4%(997만여 표)를 얻어, 김대중을 8.0%(193만여 표) 차이로 눌렀다. 1993년 2월 25일 김영삼은 대통령 취임사를 통해 '정의가 강물처럼 흐르는 사회' '인간의 품위가 존중되는 나라'를 만들겠다고 약속했다. 취임사는 화려한 '말의 잔치' 였다. '모범적인 민주공동체' '제2의 건국, 제2의 광복'과 함께 신정권, 신사고, 신경제, 신한국이 꼬리를 물고 이어졌다.

"신한국은 보다 자유롭고 성숙한 민주사회입니다. 정의가 강물처럼 흐르는 사회입니다. 더불어 풍요롭게 사는 공동체입니다. 문화의 삶, 인간의 품위가 존중되는 나라입니다. 갈라진 민족이 하나 되어 풍요롭게 사는 통일 조국입니다. 새로운 문명의 중심에 우뚝 서서, 세계의 평화와 인류의 진보에 기여하는 나라입니다. 누구나 신바람 나게 일할 수 있는 사회, 우리 후손들이 이 땅에 태어난 것을 자랑으로 여길 수 있는 나라, 그것이 바로 신한국입니다."

김영삼의 대통령 임기 5년 동안에 '신한국의 찬란한 꿈'은 현실로 나타났던가? 결론은 한마디로 '전혀 아니다'이다. 김영삼이 추진한 일 가운데 몇 가지를 빼고는 그렇다는 뜻이다. 그 몇 가지를 살펴보자.

김영삼은 대통령에 취임하자마자 '윗물 맑기 운동'을 제창하면서 고위 공직자들의 재산을 공개하라고 압박했다. 재산 공개 결과 부정한 축재를 하거나 부동산 투기를 한 것으로 드러난 사람들은 공직에서 사퇴했다. 그러자 거의 모든 여론조사에서 김영삼에 대한 지지는 70~80%에 이르렀다.

대통령에 취임한 지 11일 뒤인 1993년 3월 8일 김영삼은 '하나회'의 핵심인 육군참모총장 김진영과 기무사령관 서완수를 전격 경질했다. 그 이후 장군 18명이 예편당했다. 하나회가 대표하던 정치군인들을 숙청함으로써 군의 정치 개입과 쿠데타 소지를 제거했다는 찬사가 쏟아졌다.

김영삼의 '문민정부'는 1993년 8월 12일 금융실명제를 돌발적으로 실시하기 시작했다. 김영삼은 '금융실명거래 및 비밀 보장에 관한 대통령 긴급 재정경제 명령'을 발표하면서 "이 시간 이후 모든 금융거래는 실명으로 이루어진다"라고 선언했다. "금융실명제가 실시되지 않고는 이 땅의 부정부패를 원천적으로 봉쇄할 수 없고 분배정의와 사회의 도덕성을 확립할 수 없다"는 것이었다. 김영삼은 "금융실명제는 신한국 건설을 위해 어느 것보다 중요한 개혁 중의 개혁이며 개혁의 중추이자 핵심"이라고 강조했다. 그 이후의 역사가 입증했듯이 금융실명제는 부정한 돈거래와 지하경제의 폐단을 상당히 해소함으로써 획기적인 개혁이라는 평가를 받았다.

1995년 11월 24일 김영삼은 '광주 5·18 관련 특별법'을 제정하라고 지시했다. 그 법에 따라 노태우에 이어 전두환이 구속되었다. 앞에 썼듯이 전두환은 1심에서 사형, 노태우는 징역 22년을 선고받았으나 2심에서 무기징역과 징역 17년으로 감형되었다.

김영삼은 1996년 2월 민주자유당을 '신한국당'으로 재편했다. 그러나 보수언론에서조차 김영삼의 '신한국'은 자취를 감춘 지 오래였다. 김영삼이 '내각제 합의'를 이행하지 않은 데 불만을 품은 김종필은 이미 1995년 3월에 민자당을 탈당해서 자유민주연합(자민련)이라는 신당을 만들어 '야당 지도자'로 움직이고 있었다.

대통령 임기가 중간에 이르기도 전에 김영삼의 행보는 그야말로 갈팡질팡, 좌충우돌이었다. 그가 1994년 11월 17일 오스트레일리아에서 '세계화 선언'을 발표한 뒤 정부는 "세계화는 일류화·합리화·일체화·한국화·인류화를 의미한다"라고 발표했다. 그러나 김영삼의 세계화는 구체적 실천도 성과도 없는 헛된 구호로 드러나고 말았다.

김영삼은 특히 대북관계에서 일관성 없이 수시로 정책을 바꾸었다. 취임사에서 "한반도만이 냉전의 섬으로 남아 있다"라고 강조했던 그는 1984년 광복절 경축사에서는 "이제 한반도에서 냉전의 시대는 끝났다. 남북한 사이의 체제 경쟁도 끝났다"면서 '갑작스런 통일에 대비해야 한다'라고 주장했다. 김영삼의 대북정책은 임기 5년 동안 20번이 넘게 바뀌는 진기록을 세웠다.

'정의가 강물처럼 흐르는 신한국'을 만들겠다던 김영삼을 정치적 파탄으로 몰아넣은 '주범'은 그의 차남인 김현철이었다. 김영삼 정부 출범 당시 34세이던 김현철은 '문민 황태자' '리틀 YS' '소통령'으로 불리면서 강력한 정치적 영향력을 행사했다. 그는 '광화문 사무실'이라는 은밀한 조직을 차린 뒤 정부의 고위직 인사를 비롯해서 온갖 이권에 개입했다. 아버지가 대통령에 취임한 직후인 1993년 3월 초순부터 고등학교 동문 기업인들한테서 '활동비' 명목으로 거액의 금품을 받는가 하면, 공보처가 주관하던 유선방송사업자 선정에 관여하면서 뇌물을 받는 등 김현철의 부정과 비리는 날이 갈수록 규모가 커져갔다.

김영삼 정권 말기인 1997년 1월에 재계 서열 14위인 한보그룹(총회장

정태수)이 부도를 내면서, 부실 대출 규모가 5조7,000억여 원이라는 사실이 드러나자 김현철이 대출에 개입했다는 의혹이 언론에 대서특필되었다. 김영삼은 취임 4주년을 맞은 2월 25일에 발표한 '대국민 담화'에서 이렇게 말했다. "지금 나라 전체가 한보사건으로 인한 충격에 휩싸여 있습니다. 저를 더욱 괴롭고 민망하게 하는 것은 이번 사건과 관련하여 제 자식의 이름이 거명되고 있다는 사실입니다." 그는 '자식의 허물은 곧 아비의 허물'이라면서 "제가 대통령으로 있는 동안에는 일체의 사회활동을 중단하는 등 근신토록 하고 제 가까이에 두지 않음으로써 다시는 국민에게 근심을 끼쳐 드리는 일이 없게 하겠습니다"라고 약속했다.

결국, 김현철은 1997년 5월 17일 특정범죄가중처벌법상 알선수재와 조세 포탈 혐의로 서울구치소에 수감되었다. 구속영장에 따르면 김현철이 6개 기업에서 받은 돈은 총 65억5,000만원, 증여세 포탈액은 13억5,000만원이었다. 김현철은 5월 13일 1심 공판에서 징역 3년, 벌금 14억4,000만원, 추징금 5억2,000만원을 선고받았다. 그해 11월 3일 보석으로 석방된 그는 2심에서 징역 3년, 파기환송심에서 징역 2년을 선고받은 뒤 김대중 정부 시기인 1999년 8월 잔형 면제 사면을 받았다.

김영삼의 '신한국'은 1997년 11월 초 '한국전쟁 이후의 최대 국난'이라는 '외환 위기'에 부닥쳤다. 부총리 겸 재경부장관 강경식이 11월 5일 "최악의 경우 IMF에 갈 수도 있다"고 김영삼에게 보고한 것이 국난의 시발점이었다. 그로부터 9일 뒤인 11월 14일 정부가 IMF행을 결정하자 이틀 뒤에 IMF 총재 미셸 캉드쉬 일행이 비밀리에 입국해서 강경식과 한국은행 총재 이경식한테서 한국의 외환상황에 관한 브리핑을 받았다. 이경식이 300억 달러를 지원해 달라고 요청하자 캉드쉬는 대통령 후보들의 동의서를 받아 오라고 요구했다.

그 무렵 한국의 외화보유액은 바닥에 가까워지고 있었다. 자칫하면 모라토리엄(지불유예) 사태가 일어나 국가가 부도를 일으킬 가능성이 컸던 것이다. 사태를 그 지경으로 만든 책임자는 바로 김영삼이었다. 그는 국내외 경제 전문가들이 '외환 위기'에 대한 경고를 보내는 데 아랑곳하지 않고 '원화 가치'를 지키기 위한 환율 방어에 힘을 쏟다가 외환 지급 불능 직전에 이르렀던 것이다. '신한국은 국민소득 2만 달러를 유지해야 한다'는 그의 아집이 원인이라는 분석도 나왔다.

IMF에 구제금융을 신청하지 않고 버티려다 막판에 몰린 김영삼은 11월 21일 대선 후보인 한나라당 이회창, 새정치국민회의 김대중, 그리고 자민련 총재 박태준 등과 청와대에서 회담한 뒤 구제금융을 신청하겠다고 공식으로 발표했다. IMF 이사회는 12월 4일 한국 정부에 총 210억 달러의 구제금융을 제공하는 내용의 '대기성 차관협약'을 승인했다.

오래전부터 '식물대통령'이라는 소리를 듣던 김영삼은 임기를 석 달 남짓 앞두고 국정 운영에서 사실상 손을 뗄 수밖에 없었다. 파탄의 수렁에 빠진 신한국당은 차기 대통령 후보인 이회창의 손으로 넘어가게 된다.

'차떼기당' 으로 전락한 한나라당

제15대 대통령 선거가 두 달도 남지 않은 1997년 10월 27일, 새정치국민회의 대통령 후보 김대중이 자민련 총재 김종필의 서울 청구동 집을 방문했다. 밀담을 끝낸 뒤 두 사람은 '후보 단일화'를 약속했다.

그들은 11월 3일 '여야 간의 정권 교체를 위한 새정치국민회의, 자유민주연합의 대통령 후보 단일화 등에 관한 합의문'에 서명했다. 김종필이 김대중을 단일후보로 미는 'DJP 연합'을 통해 대선에서 승리하면 연합정부를 구성하겠다는 것이었다. 이튿날에는 김영삼과의 불화로 신한국당을 떠나 있던 박태준이 자민련에 입당했다.

'DJP 연합'이 발표된 지 나흘 뒤인 11월 7일 대통령 김영삼은 "엄정한 대선 관리와 국정 수행에 전념하겠다"면서 신한국당 명예총재직을 사퇴하고 탈당했다.

11월 4일에 열린 국민신당 창당대회에서는 이인제가 대통령 후보로 뽑혔다. 그는 신한국당 대통령 선출 과정에서 민정계와 갈등을 겪은 뒤

'독자 후보'의 길로 나섰다.

1997년 7월에 열린 전당대회에서 신한국당 대선 후보로 선출된 이회창은 장남 이정연이 불법적인 방법으로 병역을 면제받았다는 의혹에 휩싸이면서 여론조사에서 지지율이 10%대까지 떨어졌다.

여권과 야권의 합종연횡은 11월 21일에 마무리되었다. 이회창은 정치적 곤경을 벗어나기 위해 민주당 대통령 후보이자 총재인 조순과 손을 잡고 합당대회를 통해 한나라당을 만들었다. 한나라당의 당헌 제2조(목적)는 이렇게 되어 있었다.

●●● 우리 한나라당은 민족사의 정통성을 확립함과 동시에 깨끗한 정치와 튼튼한 경제를 이루고자 하는 시대적 요청에 부응하여 분열과 부패의 구정치구도와 행태를 청산하는 정치 혁신으로 국민대통합의 선진 민주정치를 구현하고, 자유민주주의와 시장경제 체제를 바탕으로 안정 속의 개혁을 통해 국민의 삶의 질을 더욱 높여 나가며, 조국의 평화적 통일을 이루어 인류의 공동번영에 이바지하는 21세기 위대한 선진한국을 창조할 것을 목적으로 한다.

결론부터 말하면, 한나라당은 2012년 1월 26일 이름을 새누리당으로 바꾸고 '박근혜 체제'로 개편되기까지 5년 반 동안 당헌에 명시된 '목적'과는 정반대 방향으로 치달았다.

1997년 12월 18일에 치러진 대통령 선거는 김대중의 승리로 끝났다. 투표율이 80.6%를 기록한 가운데 그는 총 유효투표의 40.3%인 1,032만여 표를 얻어 993만여 표를 받은 이회창을 1.6%포인트(39만여 표) 차로 눌렀다. 이인제의 492만여 표가 승부에 결정적 영향을 끼쳤다는 분석이 나왔다. 어쨌든 야당 외길을 걸어온 김대중과 5·16쿠데타의 주동자인 김종필은 기상천외한 정치적 결합을 통해 한국 정치사상 처음으로 평화적 정권 교체를 이루었다.

이회창은 2002년의 16대 대선에서도 다시 한나라당 후보가 되었다. 상대는 새천년민주당 후보 노무현이었다. 경기고와 서울대 법대를 나온 데다 국무총리를 지낸 '화려한 경력'을 지닌 이회창에 비하면 노무현은 '상고 출신'으로, 한국 사회의 '엘리트 계층'이 보기에는 비주류인 데다 '촌놈'이었다. 그러나 이회창은 조선·중앙·동아일보를 비롯한 보수언론과 수구 기득권세력의 필사적 지원을 받고서도 다시 낙선의 고배를 마셔야 했다. 노무현이 총 유효투표의 48.9%(1,201만여 표)를 얻은 데 비해 이회창은 46.6%(1,144만여 표)에 그쳐 김대중과 맞섰던 때보다 표차가 더 컸다. 두 번이나 대선에서 패배한 이회창은 12월 20일 서울 여의도 한나라당사에서 기자회견을 열고 눈물을 흘리며 정계 은퇴를 선언했다.

김대중 정부가 들어선 지 10개월 뒤인 1998년 12월 29일 검찰은 이회창의 친동생 이회성을 '정치자금법 및 국가공무원법 위반' 혐의로 구속 기소했다. 이회성이 1997년 10월 하순부터 형의 경기고 후배이자 최측근인 서상목 등으로 구성된 비선조직 '부국팀'을 통해 국세청 간부들을 동원해서 선거 자금을 거두어들였다는 것이었다. 언론은 그 사건을 '세풍'이라고 불렀다.

'세풍' 사건에 대한 재판은 노무현 정부가 들어선 뒤에 시작되어 2003년 8월 18일 1심 선고가 나왔다. 이회성의 공소장(1998년 12월 29일자)에는 이런 내용이 적혀 있었다. "1997년 9월 이회성이 삼성그룹으로부터 신세계백화점을 통해 수집한 10만원권 수표 도합 1만매, 합계 10억원을 교부받는 등 대선자금 조달에 노력하였으나 이회창 후보의 지지율 급락으로 기업들이 선거 자금을 지원해주지 않아 모금이 어렵게 되자 국세청을 동원하여 정치자금을 모금하려고 시도하였다." 1997년 대선 기간에 '부국팀'이 모은 불법 선거 자금은 모두 166억3,000만원이었다.

서울지법 형사합의21부는 미국에서 도피생활을 하다가 FBI에 체포되어 강제 귀국 당한 이석희(1997년 10월 당시 국세청 차장)에게 징역 2년, 서상목 전 한나라당 의원에게 징역 1년6개월, 이회성에게 징역 1년에 집행유예 2년을 선고했다.

검찰은 2003년 12월, 2002년 대선 기간에 이회창 캠프가 저지른 선거 자금 '불법 모집'에 관한 수사 결과를 발표했다. 대검 중앙수사부는 "지난해 대선 직전 서정우 변호사는 경기고 10년 후배인 최한영 현대차 부사장을 만나 대선자금을 요청했고, 최 부사장이 김동진 현대차 총괄 부회장에게 보고했다"면서 "현대차는 현금 100억원을 2002년 11월 중순경 이틀간 2회에 걸쳐 '만남의 광장'에서 서 변호사에게 스타렉스 차량째 전달했다"고 밝혔다.

이회창 캠프가 불법으로 받은 선거 자금은 삼성그룹의 채권 325억원과 현금 40억원, LG그룹의 150억원, SK그룹의 100억원, 한화그룹의 40억원 등 모두 847억 9,000만원이었다. 그 사건으로 정치인 30여 명과 기업인 20여명이 기소되었다. 이회창은 '기업에서 500억원가량의 불법 대선자금을 받아 썼다'면서 "대선 후보이자 최종 책임자인 제가 처벌받아야 하며, 제가 모든 짐을 짊어지고 감옥에 가겠다"는 내용의 '사과성명'을 발표했으나 사법처리를 당하지는 않았다.

2004년 10월 28일 국회 본회의 대정부 질문 과정에서 국무총리 이해찬과 한나라당 의원 안택수 사이에 격렬한 설전이 벌어졌다. 안택수가 얼마 전 이해찬이 독일 베를린을 방문했을 때 조선일보와 동아일보를 강력히 비판한 일에 대해 질의를 하자 이해찬은 "조선일보와 동아일보는 역사의 반역자", "한나라당은 차떼기를 한 당"이라고 대답했다. 한나라당 의원들의 야유가 빗발치는 가운데 그는 거침없이 말을 이어갔다.

"조선과 동아는 지금부터 30여 년 전 유신 긴급조치 때 자유언론을 주장하던 수많은 기자를 집단 해고했다. 그 사람 중에서 복직된 사람이 거의 없을 것이다. 유신 타파를 온 국민이 염원하고 있을 때 자유언론을 주장하는 분들을 해고해 30년간 복직을 안 시키고 있다. 그런 것을 종합적으로 봤을 때, 시대에 반하고 역사에 반하는 행위를 했다."

안택수가 한나라당을 '차떼기당'이라고 비난한 데 대해 사과하라고 요구하자 이해찬은 '한나라당이 차떼기한 것은 국민이 다 안다'고 응수했다. "한나라당은 지하실에서 차떼기하고 고속도로에서 수백억 원을 받은 당 아닌가. 그리고 다수 위력으로 국회의원들을 방해하면서 대통령 탄핵까지 한 당이다." 안택수가 '망언에 대한 책임을 지고 총리직을 사퇴하라'고 주장하자 이해찬은 '책임을 질 사안은 없다'고 잘라 말했다.

'차떼기'에 못지않은 악몽이 2012년 초에 한나라당을 덮쳤다. 한나라당 의원 고승덕이 1월 9일 기자회견을 통해 "2008년 한나라당 당 대표 선거를 위한 전당대회가 열리기 전에 박희태 당시 후보 진영으로부터 300만원이 들어 있는 봉투를 받았다"고 밝힌 것이었다. 고승덕은 "검정색 뿔테 안경을 쓴 남자가 여비서에게 준 돈 봉투를 바로 돌려주었다"면서 그 남자가 들고 온 쇼핑백에 노란색 돈 봉투가 여러 개 들어 있었다고 전했다.

현직 국회의장인 박희태가 '고승덕의 폭로는 사실무근'이라고 주장하자 한나라당은 검찰에 수사를 의뢰했다. 검찰은 대규모 수사팀을 꾸린 뒤 고승덕의 증언을 바탕으로 박희태의 전 비서인 고진명과 2008년 전당대회 때 박희태 캠프에서 일한 안병용(한나라당 서울 은평갑 당협위원장)을 조사하고 나서 안병용을 구속했다.

박희태는 1월 18일 해외 순방을 마치고 돌아와서 "검찰 수사 결과에 따라 책임을 지겠다"고 말하면서도 자신은 돈 봉투 전달과 전혀 관련이 없다고 거듭 주장했다.

　민주당을 비롯한 여러 야당이 '돈 봉투 살포'의 책임자로 청와대 정무수석 김효재(2008년 전당대회 때 박희태 캠프 상황실장)를 지목하자 그는 '전혀 모르는 일'이라고 부인했다. 그러나 결국 박희태와 김효재는 돈봉투를 돌린 사실을 인정할 수밖에 없었다.

　2012년 2월 9일 국회의장직을 사퇴한 박희태, 그리고 정무수석직을 떠난 김효재는 검찰에 불구속 기소되어 재판을 받았다. 박희태는 5월 2일 "혐의를 모두 인정한다. 재판을 빨리 끝내달라"는 요지의 의견서를 재판부에 냈으나 받아들여지지 않았다. 박희태는 6월 4일 서울중앙지법에서 열린 결심공판에서 징역 1년, 김효재는 징역 8개월, 그리고 국회의장 박희태의 정책수석비서관이었던 조정만은 징역 6개월을 구형받았다.

　민주당 대변인 김유정은 고승덕의 폭로로 '전당대회 돈봉투' 사건이 알려지자 한나라당을 '만사돈통당'이라고 비난하면서 "당 대표직도 돈으로 사는 한나라당을 지켜보면서 아예 대통령도 돈으로 사보려는 꿍꿍이는 없는지 문득 궁금해진다"고 말했다.

　여기서 한나라당 당헌이 당의 '목적'으로 밝힌 대목으로 되돌아가 보자. '민족사의 정통성 확립', '깨끗한 정치와 튼튼한 경제', '분열과 부패의 구정치구도와 행태 청산'은 '차떼기당'과 '돈으로 당 대표 사기'라는 말 앞에서 허풍스런 말의 잔치가 되고 말았다

새누리당이 '새 세상' 만들 수 있을까

2011년 12월 9일 한나라당 대표 홍준표가 사퇴했다. 그는 10월 26일에 치러진 서울시장 보궐선거에서 한나라당 후보 나경원이 '시민후보' 박원순에게 참패한데다 한나라당 의원 최구식의 비서가 바로 그날 중앙선관위 홈페이지에 '디도스 공격'을 가한 주동자라는 사실이 밝혀지자 당 안팎에서 사퇴 압력을 받았다. 그는 기자회견 자리에서 "집권 여당 대표로서 혼란을 막고자 당을 재창당 수준으로 쇄신하고 내부 정리를 한 후에 사퇴하고자 했던 내 뜻도 기득권 지키기로 매도되는 것을 보고 더 이상 자리에 있는 게 무의미하다고 판단했다"고 말했다.

홍준표의 대표직 사퇴로 한나라당은 '무주공산'처럼 보였지만, 여권의 실질적 '최대 주주'이자 유력한 대통령 후보인 박근혜가 당을 장악하는 것은 시간문제였다. 한나라당은 12월 19일 박근혜를 비상대책위원장으로 선출했다. 그는 비대위원장 수락연설에서 이렇게 말했다. "집권여당으로서 국민의 아픈 곳을 보지 못하고 삶을 제대로 챙기지 못한데 대해 진심으로 사죄한다. 이제 바꿔야 한다. 그동안 한나라당과 우리 정치권 모두 국민만 바라보지 않고, 정치를 위한 정치를 해왔다. 정치권 전체가 국민의 불신을 받는 이런 상황이 계속된다면, 앞으로 더 큰 국가적 위기를 맞게 될 것이다."

한나라당의 전권을 장악하다시피 한 박근혜는 '합리적 보수주의자' 라는 평가를 받는 김종인과 이상돈, 그리고 20대의 '아이콘'이라는 이준석을 비대위원으로 '영입'하면서 정치적 곤경에 빠진 한나라당을 구하는 데 앞장섰다. 한나라당의 '비상사태'를 성공적으로 해결했다는 보수언론의 찬사에 힘입어 박근혜는 2012년 2월 13일 전당대회 수임기구인 전국위원회를 열었다. 위원회는 '당헌·당규 개정안'과 '새 정강·정책 개정안'을 의결했다. 박근혜는 "지난해 12월 19일 이후 비대위가 당의 겉모습과 내용을 확 바꿔왔다. 그리고 마침내 우리 당이 공식적으로 내용과 모습을 모두 바꾸고 새 출발하는 역사적인 날이다"라고 말했다. '당헌·당규 개정안'에는 당명을 한나라당에서 '새누리당'으로 바꾼다는 내용이 들어 있었다.

새누리당의 '당헌' 제2조(목적)는 다음과 같다.

새누리당은 자유민주주의와 시장경제를 기본이념으로 인권과 정의가 구현되는 사회, 개인의 자유와 창의가 발현되는 사회, 중산층이 두터워지는 사회, 소외계층의 생활 향상을 위해 자생적 복지정책을 추진하여 사회 양극화가 해소되는 사회를 추구하며, 실용주의 정신과 원칙에 입각한 통합과 조정의 리더십으로 합리적인 변화와 혁신을 추구하고, 세계와 함께하는 인류 공영의 정신과 빛나는 우리의 고유문화를 바탕으로 한반도의 평화통일과 21세기 신진 일류국가를 창조할 것을 목적으로 한다.

'국민과의 약속'이라는 이름이 붙은 새누리당의 '강령(기본정책)'은 이렇게 시작된다.

●●● 새누리당은 국민의 행복을 최우선 과제로 삼을 것이며 모든 정책의 입안과 실천에 있어 오로지 국민의 뜻에 따를 것을 약속한다. 우리 국민은 일제의 질곡에서 벗어나 수많은 대·내외적 위협에도 불구하고 이를 이겨내고 자랑스러운 대한민국을 건국했음은 물론, 세계역사상 가장 짧은 기간 내에 산업화와 민주화를 성공적으로 완성시킨 자랑스러운 역사를 이룩해냈다. 이 과정에서 새누리당은 자유민주주의와 시장경제 그리고 법치주의라는 대한민국의 정체성과 보수적 가치를 바탕으로, 끊임없는 자기혁신과 희생 그리고 책임정신을 통해 대한민국의 역동적인 발전을 주도해왔다.

이어서 '정강'은 '모든 국민이 더불어 행복한 복지국가, 일자리 걱정 없는 나라, 공정한 시장경제 확립과 성장잠재력 제고, 과학기술을 통한 창의적인 국가'를 목표로 내세우고 있다. 강령을 뒷받침하는 약속과 정책의 뼈대는 이렇다. "촘촘한 사회안전망과 실효성 있는 복지제도 확립,

공정한 시장경제 추구, 호혜적 상호공존에 입각한 유연하고 적극적인 대북정책 추진, 법치주의와 권력 분립, 문화강국 지향, 언론의 자유 적극 보장, 이념·지역·세대·계층 간 갈등을 해소하는 국민통합적 접근."

'새누리'는 '새 세상'이라는 뜻이다. 박근혜가 이끄는 새누리당은 위와 같은 '목적'과 '강령'을 실천함으로써 '사람이 사람답게 사는 새 세상'을 만들 수 있을까? 그럴 가능성이 있는지를 자세히 살펴보자.

무엇보다도 먼저, 새누리당이 '강령'에서 강조하고 있는 "세계역사상 가장 짧은 기간 내에 산업화와 민주화를 성공시킨 자랑스러운 대한민국"은 역사는 물론이고 현실과도 거리가 멀다. 한국이 박정희 정권 이래 산업화를 상당히 진전시킨 것은 사실이다. 그러나 재벌 위주의 경제정책, 특권층에 대한 혜택, 갈수록 커지는 빈부 격차 등을 해결하지 못하는 산업화를 자랑스럽다고만 할 수는 없다.

그리고 대한민국이 민주화를 성공시켰다고 보는 것은 2012년 7월 현재의 상황을 보면 헛된 주장임이 금세 드러난다. '민간인 사찰과 증거인멸 사건'을 재수사한 서울중앙지검 특별수사팀은 6월 13일 "국무총리실 공직윤리지원관실(지원관실)이 각계각층 유력 인사들을 사찰한 사실은 확인했지만, 사찰 지시 및 보고의 윗선을 밝히지는 못했다"고 발표했다. 검찰은 불법 사찰 500건 가운데 497건에 면죄부를 주었다. '윗선 없다니… 검찰은 없다.'(한겨레 6월 14일자 1면 머리기사)라는 보도를 비롯해 사회관계망 서비스(SNS)에서는 검찰의 재수사 결과를 불신하고 조롱하는 글들이 불길처럼 번져나가고 있다.

검찰이 민간인 불법사찰의 '몸통'을 밝혀내려고 노력하지 않은 데 대한 비난이 갈수록 격해지던 6월 14일 민주통합당 대표 이해찬이 충격적인 내용을 폭로했다. 불법사찰에 관해 '양심선언'을 한 지원관실 주무관 장진수를 회유하려고 총리실 공직복무관리관이던 류충렬이 그에게 건넨 '관봉권 5,000만 원'이 '청와대의 특정업무추진비일 확률이 99%'라는 것이었다. 국무총리를 지낸 바 있는 이해찬은 민주당 의원총회에서 이렇게 말했다.

●●● 청와대는 연 120억 원씩, 총리실은 연 12억 원씩 쓸 수 있는 특정업무추진비가 있는데 영수증이 필요 없는 돈이다. 대통령이 격려금 등 품위 유지를 위해 공식 경비로 지출하기 어려울 때 쓰라고 주는 것이다. 개인이 착복하지 않으면 어디에 써도 문제 삼지 않는 돈이다. 수표로 달라면 수표로 주고 현금으로 달라면 관봉이 찍힌 돈으로 준다. 내가 총리를 할 때도 관봉으로 지급됐다. 출처가 청와대 특정업무추진비일 가능성이 높은데도 검찰은 아니라고 한다.　　　　　　　　　　　**〈한국경제〉 6월 14일자**

백번 양보해서 '윗선'이 없다는 검찰의 주장이 옳다고 하자. 그렇다고 해서, 검찰이 발표한 대로 지원관실이 당시의 현직 대법원장 이용훈을 비롯해서 입법부, 재계, 언론단체, 시민단체 등에 대해 불법사찰을 자행한 나라를 '민주국가'라고 말할 수는 없다.

정부기관이 대법원장까지 사찰함으로써 국기를 뒤흔든 이 사건에 대해 민주통합당이 국회에서 국정조사를 하자고 요구하자 새누리당 대변인 김영우는 "검찰의 조사결과를 수용한다"면서도 "국민적 의혹을 해소하는 데에 미흡한 점이 있다면 특검을 검토할 수 있다"고 말했다. 대통령이 불법사찰의 '몸통'이라는 의혹을 사고 있는 중대한 사안을, 대통령이 임명하는 특별검사가 조사해서 진상을 밝히는 일이 가능하다고 본다는 뜻인가? 국회가 특별위원회를 구성해서 진실을 밝혀내는 것이 민주화로 향하는 지름길인데 말이다.

집권여당인 새누리당이 안고 있는 심각한 문제는 이렇게 중대한 사건이 일어났는데도 그 당을 실질적으로 장악하고 있는 유력한 대선후보 박근혜가 침묵으로 일관하고 있다는 것이다. 당의 강령에 명시되어 있듯이 '법치주의라는 대한민국의 정체성과 보수적 가치를 바탕으로' '대한민국의 역동적 발전'을 주도하려면 현직 대통령에 대한 국정조사도 서슴지 않겠다고 발언하는 것이 '미래권력'을 지향하는 정치지도자의 책무 아닌가?

새누리당이 '민주화'가 이루어졌다고 보는 한국 사회에서는 이성과 양식을 가진 사람들이 도저히 용납할 수 없는 일들이 벌어지고 있다. '내란과 군사쿠데타의 수괴'라는 이유로 1심에서 사형선고까지 받았던 전 대통령 전두환이 육군사관학교에서 생도들의 사열을 받는가 하면 국가보훈처 소유의 골프장에서 'VIP 대접'을 받으며 골프를 즐긴 사실까지 드러났다. 새누리당은 국민을 모독하고 우롱하는 이런 행태를 준엄하게 꾸짖는 성명을 발표한 적이 없다. 전두환이 새누리당의 '제2대 원조' 격인 민주정의당을 만들어 박정희의 실질적 후계자가 된 사람이라 하더라도 몰지각한 행동에 대해서는 엄중한 비판과 경고를 보내야 국민이 새누리당을 공당(公黨)이라고 인정할 것 아닌가?

새누리당이 '새 세상'을 만들 수 없는 두 번째 이유는 그 당을 구성하고 있는 핵심적 인물들의 과거 행적과 현재 행태 때문이다. 우선, 1974년 8월 15일 어머니 육영수의 피살 이후 청와대에서 '퍼스트레이디' 역할을 맡았던 박근혜는 유신독재체제의 실권자 가운데 한 사람이었는데도 '독재자의 딸'이라는 비판에 대해 아무런 대답을 하지 않는 채 '국민 행복 국가'를 실현하기 위해 18대 대통령이 되려고 애쓰고 있다.

새누리당이 '박근혜의 사당(私黨)'이라고 불리는 이유는 그가 중용한 인물들 때문이다. 5월 15일 전당대회에서 뽑힌 대표최고위원 황우여, 최고위원 이혜훈, 심재철, 정우택, 유기준, 지명직 최고위원 이정현, 김진선 가운데 '친박계'가 아닌 사람은 심재철뿐이다. 게다가 원내대표 이한구는 '박근혜의 경제 개인교사'라는 별칭이 붙은 사람이다. 그리고 19대 국회의 첫 의장으로 선출된 강창희도 친박계 핵심이다.

국회의장 강창희, 새누리당 대표 황우여, 원내대표 이한구의 이력과 언행을 짚어보기로 하겠다.

●●● 국가공직자 서열 2위인 국회의장 강창희는 육군 중령 출신으로 예편 뒤 전두환이 주도한 민주정의당 창당 과정에 참여했다. 그는 군 생활을 하던 때 '하나회' 소속이었다. 전두환의 총애를 받았다는 그는 박근혜의 측근 원로 그룹인 '7인회'의 멤버이다.

●●● 새누리당 대표 황우여는 긴급조치 시대인 1974년부터 전두환 정권 때인 1985년까지 서울 지법 · 고법 판사로 일했고, 1992년에 서울민사지법 부장판사를 마지막으로 사법부를 떠났다. 그는 1997년 대통령선거 시기에 한나라당 후보 이회창의 선거대책위 의장과 비서실장을 지냈다. 그는 종교적 편향을 노골적으로 드러내는 언행으로 물의를 일으켰다. 한나라당 의원이던 그는 2010년 12월 6일 코엑스에서 열린 법조인 모임 '애중회' 창립식에서 "가능하면 모든 대법관들이 하나님 앞에 기도하는 이들이기를 바란다"고 말했다. 그는 "대통령을 모신 국가 조찬기도회에서 대법관에게 기도를 부탁하기가 점점 어려워지고 있다"며 '대법관 제청권을 가진 이용훈 대법원장에게 투정도 부려봤다'고 밝혔다.

(경향신문 2011년 1월 16일자)

원내대표 이한구는 대우경제연구소 소장 출신으로 2000년에 한나라당 정책실장으로 들어간 뒤 정책위 부의장과 의장을 거쳐 국회 예산결산특위 위원장을 지낸 '경제통'이다. 보수 성향이 짙은 그는 2012년 6

월, 통합진보당 비례대표 경선 부정 의혹으로 '종북 논란'이 벌어지자 새누리당 최고위원회 회의에서 "지금 우리 정치권에서는 종북주의자나 심지어 간첩 출신들까지도 국회의원이 되겠다고 나서고 있는 마당"이라고 말했다. 민주통합당 대변인 박용진은 "간첩이 있다는 것을 알고도 신고하지 않으면 불고지죄로 처벌받아야 한다"고 이한구를 공격했다. 한나라당 윤리위원장을 지낸 목사 인명진도 MBC 라디오 '손석희의 시선집중'에 출연해 "이한구 원내대표가 간첩으로 드러난 사람을 알고 있다면 수사당국에 제보해야 한다. 간첩포상금제도 있다"고 말했다.

2012년 5월 24일자 매일경제에 실린 새누리당 상임고문 김용환 인터뷰 기사가 '7인회'라는 모임의 실체를 세상에 알렸다. 그는 "사람들이 7인회라고 부르는데 가끔 만나 식사하고 환담한다"면서 "4·11 총선이 끝난 이후에도 박근혜 전 위원장과 한 번 모였다"고 밝혔다.

●●● 문제는 이들이 공화당, 민정당에 뿌리를 둔 유신·5공 출신의 구시대 인물들이라는 것. 김용환 상임고문은 유신정권에서 청와대 경제수석과 재무부 장관을 지냈다. 최병렬 전 한나라당 대표는 민정당 국회의원으로 국회에 입성했다. 2004년에는 노무현 전 대통령의 탄핵을 진두지휘했다. 안병훈 전 조선일보 부사장은 유신 시절 청와대 출입기자로 당시부터 박근혜 전 위원장과 알고 지낸 것으로 알려졌다. 김기춘 전 법무부 장관은 검찰총장 출신으로 중앙정보부 파견검사 시절 유신헌법 제정에 관여한 것으로 알려져 있다. 김 전 장관은 정수장학회 장학생이었다. 김용갑 전 의원도 육사 출신으로 5공 시절 국가안전기획부 기획조정실장

을 지냈고 5공화국에서 청와대 민정수석비서관을 지냈다. 8년만에 국회로 돌아온 강창희 의원은 육사 25기로 전두환 전 대통령의 14년 후배다."

《주간경향》 6월5일자)

민주통합당 원내대표 박지원이 "최근 보도에 의하면 박근혜 전 위원장에게 수구꼴통 7인회가 있다고 하는데 어떤 경우라도 나라를 맡길 수 없다"면서 "7인회가 박근혜 전 위원장을 움직이고 있다"고 주장하자 박근혜는 측근을 통해 "점심모임이다. 실체가 없다"고 반박했다. 어쨌든 강창희가 국회의장이 됨으로써 7인회의 비중이 크다는 것이 드러났다.

'새누리당이 새 세상을 만들 수 있을까' 라는 물음에 대한 대답의 열쇠를 쥔 사람으로는 박근혜가 가장 두드러진다. 그런데 앞에서 살펴보았듯이 '새 세상'을 만드는 과정에서 그를 도와야 할 핵심적 인물들은 거의 모두가 보수적이고 민주화에 헌신한 바가 없다. 얼마 전까지 '중도'를 외치던 박근혜 역시 2012년 4 · 11 총선을 전후로 보수 성향을 갈수록 짙게 드러냈다. 한국일보가 한국리서치에 의뢰해 6월 3~4일 전국의 성인남녀 1,000명을 대상으로 실시한 여론조사 결과를 보면 박근혜는 주요 정치인들 가운데 보수적 성향이 가장 강한 것으로 나타났다. '매우 진보 0, 중도 5, 매우 보수 10이라고 규정했을 때 정치인의 이념성향을 숫자로 평가해 달라'고 질문한 결과 박근혜의 이념성향은 6.7점으로 가장 보수적이었다. 이회창의 6.4점, 정몽준의 6.1점보다 높았다.

박근혜는 12월 19일의 18대 대통령 선거를 향해 새누리당 안에서 독주하다시피하고 있다. 나는 그가 어떤 세상을 만들려고 대통령직에 그렇게 집착하는지 선뜻 이해할 수가 없다

박근혜
바로보기

초판 1쇄 인쇄 2012년 8월 25일
초판 1쇄 발행 2012년 8월 25일

펴 낸 곳 (주)여민미디어
펴 낸 이 허성관
주   소 서울시 영등포구 선유동1로 50, 1201호
전   화 02-2069-1270
팩   스 02-2069-1224
홈페이지 www.pressbyple.com
등   록 2012년 1월 19일 제 318-2012-000008호

지 은 이 김종철
기   획 박정원
편   집 프레스바이플 편집국

Printed in Korea
ISBN 978-89-969037-1-0 03340

값 14,000 원